Sorular ve Cevaplar

Nasıl Çalışır?

Philip Brooks

ÇEVİRİ
Cengiz Adanur

TÜBİTAK
POPÜLER BİLİM KİTAPLARI

TÜBİTAK Popüler Bilim Kitapları 802

Sorular ve Cevaplar - Nasıl Çalışır?
Questions and Answers - How Things Work
Philip Brooks
Tasarım: Joe Conneally, Jane Tassie
Çeviri: Cengiz Adanur

© Macmillan Publishers Ltd., 2011
Orijinal basım Macmillan Children's Books'un alt kuruluşu olan
Kingfisher tarafından yapılmıştır.

© Türkiye Bilimsel ve Teknolojik Araştırma Kurumu, 2014

Bu yapıtın bütün hakları saklıdır. Yazılar ve görsel malzemeler,
izin alınmadan tümüyle veya kısmen yayımlanamaz.

TÜBİTAK Popüler Bilim Kitapları'nın seçimi ve değerlendirilmesi
TÜBİTAK Kitaplar Yayın Danışma Kurulu tarafından yapılmaktadır.

ISBN 978 - 975 - 403 - 990 - 0
Yayıncı Sertifika No: 15368

1. Basım Eylül 2015 (5000 adet)
2. Basım Mayıs 2017 (15.000 adet)

Genel Yayın Yönetmeni: Mustafa Orhan
Mali Koordinatör: Kemal Tan
Telif İşleri Sorumlusu: Tuba Akoğlu

Yayıma Hazırlayan: Nurulhude Baykal
Basım Hazırlık ve Son Kontrol: Muhammed Said Vapur
Sayfa Düzeni: Ayşe Taydaş Battal
Basım İzleme: Yılmaz Özben - Murat Aslan

TÜBİTAK
Kitaplar Müdürlüğü
Akay Caddesi No: 6 Bakanlıklar Ankara
Tel: (312) 298 96 51 Faks: (312) 428 32 40
e-posta: kitap@tubitak.gov.tr
esatis.tubitak.gov.tr

Korza Yayıncılık Basım San. ve Tic. A.Ş.
Yenice Mah. Çubuk Yolu Üzeri No: 3 Esenboğa Çubuk Ankara
Tel: (312) 342 22 08 (4 Hat) Faks: (312) 341 14 27 Sertifika No: 30233

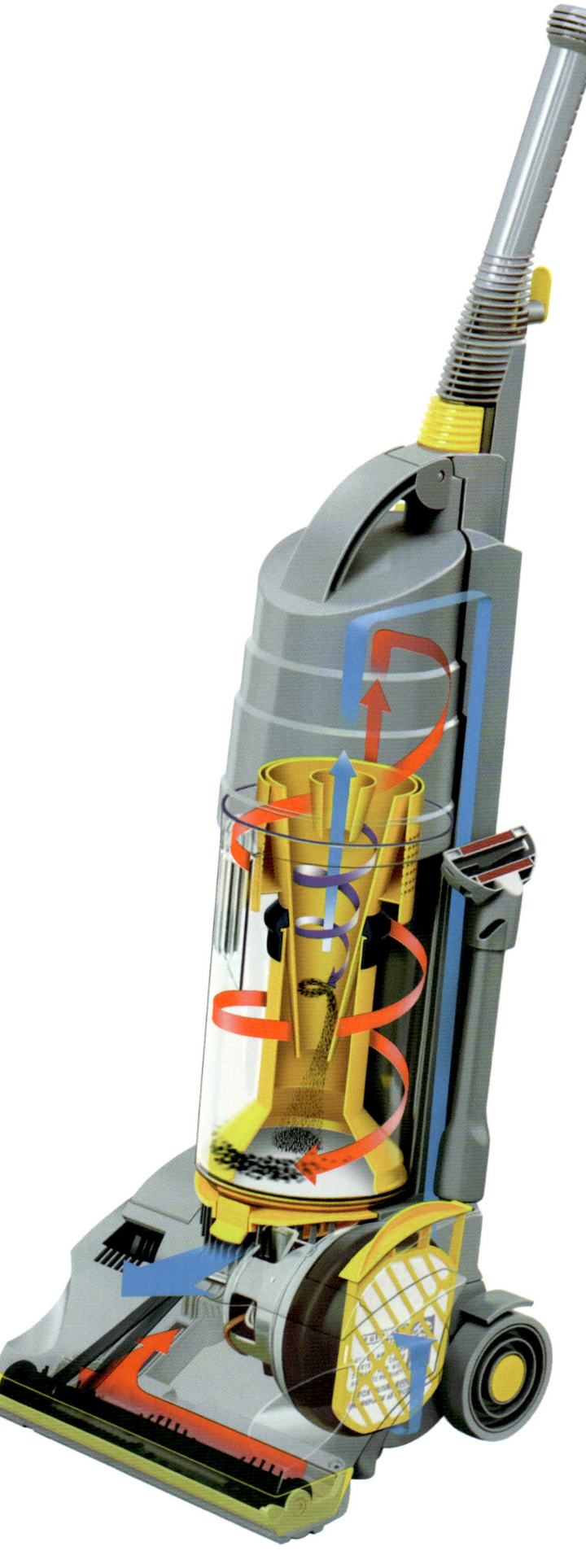

İçindekiler

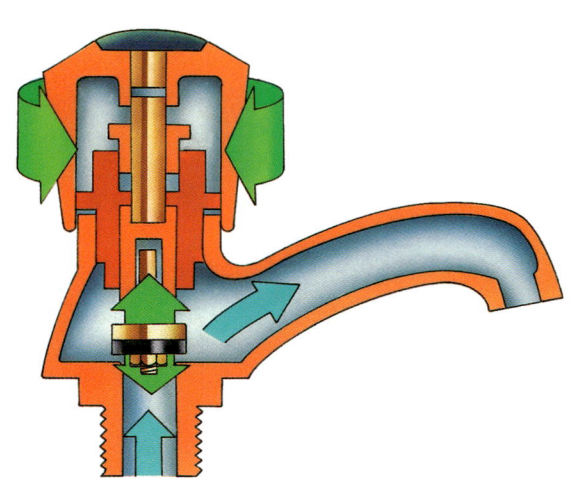

Makaralar, Dişliler ve Yaylar	4
Tıkır Tıkır Çalışma	6
Elektrik	8
Geleceğin Enerjisi	10
Dev Makineler	12
Baskı Altında	14
Çevremizi Saran İcatlar	16
Mutfaktaki Teknoloji	18
Bakım ve Tedavi	20
Atölye	22
Çalışma Masasındaki Araçlar	24
Bilgisayar Gücü	26
Dalga Yayma	28
Ses ve Görüntü	30
Kadrajın İçinde	32
Işık, Mercekler ve Lazerler	34
Ölçüm Yapan Makineler	36
Daha İyisi için Otomasyon	38
Dizin	40

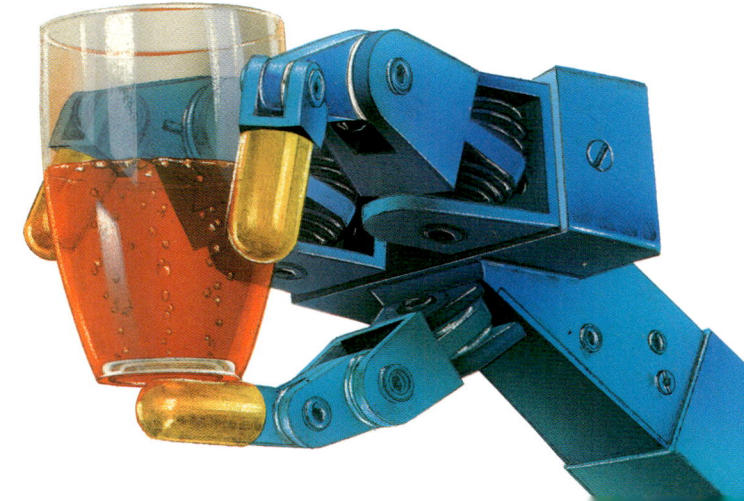

Makaralar, Dişliler ve Yaylar

En faydalı mekanik aletlerden bazıları, aynı zamanda en basit olanlarıdır. Çerçevesi oyuk silindirlerden oluşan makara sistemleri, ağır yükleri kaldırmamızı kolaylaştırırken; dişli çarklar, bir parçadan diğerine hareket aktarır. Kamlar ve kranklar da dairesel hareketi yukarı-aşağı yönlü harekete ve yukarı-aşağı yönlü hareketi de dairesel harekete çevirmek gibi faydalı işler yaparlar.

Makaralar işimizi nasıl kolaylaştırır?

Tek bir makara, bir yükü yukarı doğru kaldırmak yerine aşağı doğru çekmenizi sağlayarak işinizi kolaylaştırır çünkü aşağı çekmek yukarı kaldırmaktan kolaydır. Ancak iki ya da daha fazla makarayı bir araya getirirseniz "mekanik avantaj" elde edersiniz ve iş çok daha kolaylaşır. İki makara, uygulamanız gereken kuvveti yarıya; dört makara ise (sağda) çeyreğe indirir. Fakat yükü bir metre yukarı kaldırmak için ipi bunun dört katı kadar çekmeniz gerekir.

Kuvvet
Makara
Yük

Dişli çarklar ne işe yarar?

Dişli çarklar, çevresinde dişler bulunan çarklardır. İki dişli çarkın dişleri yani oyukları iç içe geçtiği zaman bir çark diğerini döndürür. Bisikletlerde zincirle bağlanan dişli çarklar vardır (sağda). Dişli çarkların dişleri zincirdeki aralıklara yerleşir, böylece bir dişli çark döndüğünde zincir diğer dişli çarkları da aynı yönde döndürür. Bisiklet sürücüsü, daha az ya da daha çok sayıda dişleri olan dişli çarklar kullanarak tekerlerin dönüş hızını ve bisiklet pedallarına uygulaması gereken güç miktarını değiştirebilir.

Krank mili

Krank ne zaman işimize yarar?

Krank, yukarı-aşağı yönlü hareketi dönme hareketine çeviren bir araçtır. En basit kranklar, teker değiştirmek zorunda kaldığımızda arabayı kaldırmak için kullandığımız U-şeklindeki kollardır. Bir kalemi, ahşap bir iplik makarasına raptiye ile serbest dönecek şekilde sabitleyerek kendi krankınızı yapabilirsiniz. Kalemi, raptiye ekseninde serbestçe dönecek şekilde yukarı-aşağı hareket ettirin; makara, pistonların yukarı-aşağı yönlü hareketiyle bir arabadaki krank milinin dönmesine benzer şekilde dönecektir.

Eğik düzlem nedir?

"Eğik düzlem", rampa için kullanılan gösterişli bir isimdir ve ağır yükleri kaldırmak için mükemmel bir yoldur. Rampanın eğimi, bir cismi eğik düzlem üzerinde yukarı itmek için gereken kuvvetin miktarını etkiler. Dik bir eğik düzlem kısa süreli yoğun bir uğraş gerektirirken, düşük eğimli bir eğik düzlem daha az uğraş gerektirir. Fakat düşük eğimli eğik düzlemde cismi daha uzun bir mesafe boyunca itmek gerekir.

Bir yay nasıl yaylanır?

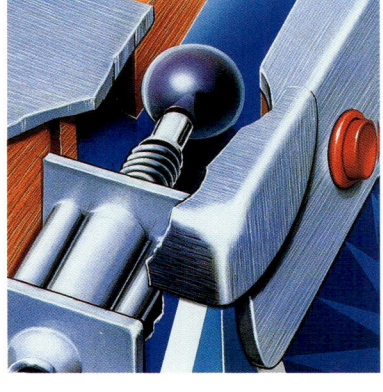

Yaylar enerji depolayarak çalışır. Yayı bir ucundan iterek sıkıştırdığınızda enerji kullanırsınız ve yay bu enerjinin bir kısmını depolar. Yay serbest bırakıldığında ilk şekline geri "sıçramak" için bu enerjiyi kullanır. Pinball makinesinde (yukarıda) fırlatma kolunu çektiğiniz zaman, kolu serbest bırakıncaya kadar kolunuzdaki enerji yay tarafından depolanır. Daha sonra kol ileri doğru fırlayarak enerjisini boşaltır ve topu oyun sahasına gönderir.

Kam nedir?

Kam, dairesel hareketi yukarı-aşağı yönlü harekete dönüştüren yumurta biçiminde bir disktir. Kamlar her çeşit makinede bulunur, fakat en yaygın kullanımları otomobil motorlarındaki supapları çalıştırmaktır (aşağıda). Kam mili döndüğünde kam çıkıntısı supabı aşağı doğru iterek açar, daha sonra kamın taban şekli yükselmesi için supaba mesafe sağlayarak supabı kapatır.

Kam tabanı
Kam mili
Çıkıntı *Supap*

Hızlı Test

1. Otomobilin hangi parçası kam tarafından kontrol edilir?
a) Tekerler
b) Supaplar
c) Akü

2. Ağır bir yükü kaldırmak için makara size hangi yönde kuvvet uygulama imkânı verir?
a) Yukarı yönde
b) Aşağı yönde
c) Yavaşça

3. Su vidasını kim icat etmiştir?
a) Arşimet
b) Pisagor
c) Aristo

4. Eğik düzlemin diğer adı nedir?
a) Mesnet
b) Rampa
c) Kanatçık

Vida nasıl ağırlık kaldırabilir?

Ünlü Yunan bilim insanı Arşimet, boru içine büyük bir vida yerleştirerek çok fazla çaba harcamadan suyu kademe kademe yükseltebileceğini fark etmişti. Bunun nedeni, vidanın sarmal biçimde düzenlenmiş uzun bir rampaya yani eğik düzleme benzemesidir. Bugün beton kamyonları aynı prensibi kullanmaktadır. Dönen bir tambur ve vida kullanılarak ağır ve ıslak beton, kamyonun arkasında yönlendirilebilmekte, az bir çabayla kontrollü ve yavaş bir biçimde dışarı dökülebilmektedir.

Dişli
Zincir

Tıkır Tıkır Çalışma

Arabalar, kamyonlar, otobüsler ve motosikletler güçlerini motorlardan alır. Motorların çoğu yakıt olarak benzin ya da motorin kullanır ve içten yanmalı motor olarak adlandırılır. Bunun nedeni, yakıtın motor içinde yanmasıdır. İçten yanmalı motorlar aynı zamanda makineleri çalıştırmak ve elektrik üretmek için de kullanılır.

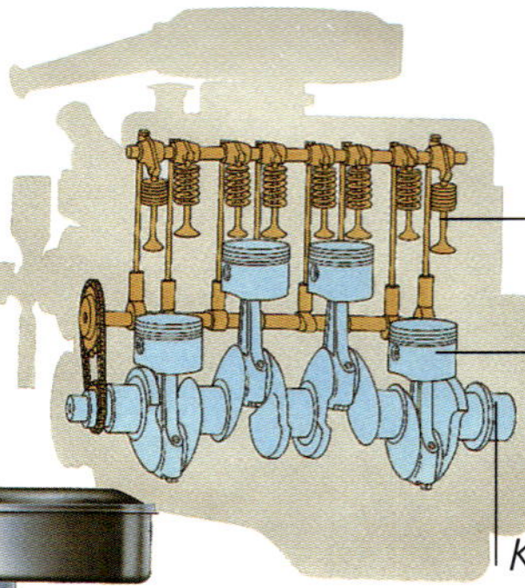

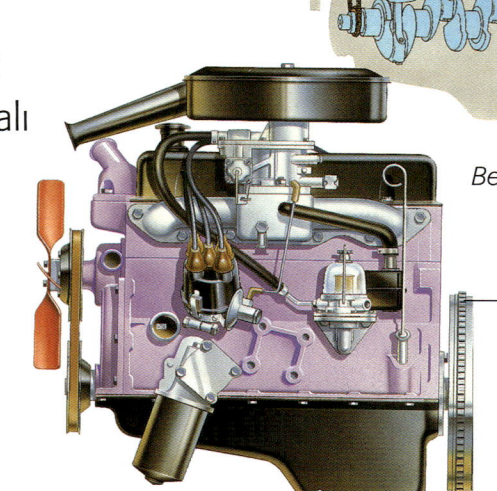

Benzinli bir motor

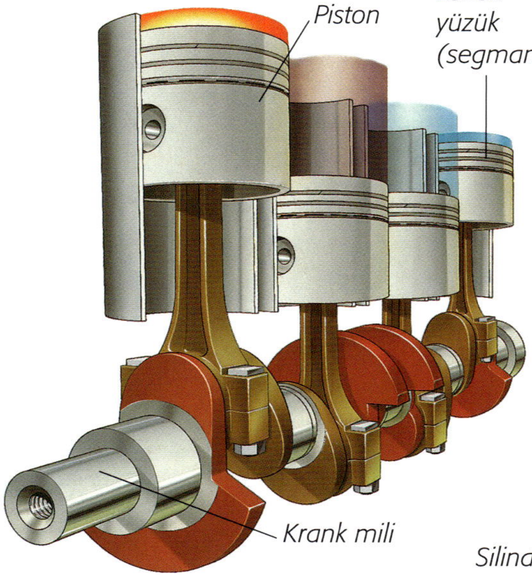

Pistonlar ne işe yarar?

Pistonlar, motor parçası olarak iki önemli görevi yerine getirir. İlk olarak, içeriye yakıt emilmesini ve dışarıya egzoz gazlarının atılmasını sağlarlar. Bunu, silindir duvarıyla sıkı ve sızdırmaz bir temas halinde olmalarını sağlayan esnek yüzüklerin (segman) yardımıyla yaparlar. İkinci olarak, pistonlar, genişleyen gazların patlama enerjisini krank miline iletirler. Bu mil, daha sonra, pistonların yukarı ve aşağı yönlü hareketini, aracın tekerleklerini çeviren dairesel harekete dönüştürür.

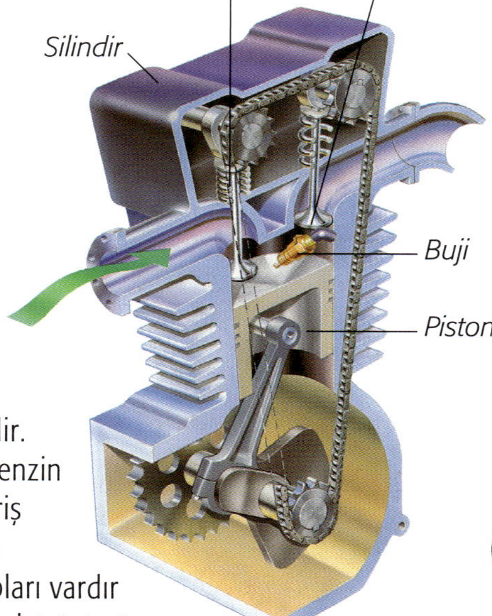

Aracı nasıl durdurursunuz?

Sürücü fren pedalına bastığında, bir grup fren balatası aracın her bir tekerine sabitlenmiş yuvarlak fren disklerini kuvvetli bir şekilde sıkıştırır. Disklere baskı uygulayan balataların uyguladığı güçlü kuvvet tekerlekleri yavaşlatır. Eski araçlarda, "pabuç" adı verilen balatalar vardı, bu balatalar tekerin dönüşünü yavaşlatmak için tamburun iç yüzeyine baskı uygulardı ve bunlara "tamburlu fren" denirdi.

Benzinli motorun içinde neler vardır?

Benzinli bir motorun içinde bir dizi silindir vardır, bu silindirlerde yakıt ve hava karışımı yakılarak enerji üretilir. Her silindirin üst kısmında, benzin ve hava girişine izin veren giriş supapları ile egzoz gazlarının çıkışına izin veren çıkış supapları vardır (sağda). Her silindir, ayrıca, yakıtı tutuşturan kıvılcımı ortaya çıkaran elektrikli bir buji içerir. Yine her silindirin içinde, yukarı ve aşağı hareket eden ve silindirle çakışan bir piston vardır.

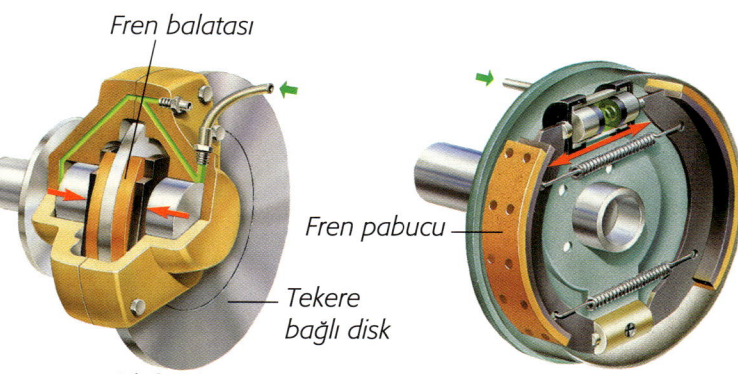

Dizel motoru nedir?

Dizel motoru, yakıt olarak benzin yerine motorin kullanan bir çeşit içten yanmalı motordur. Dizel motorda tutuşturma bujileri yer almaz. Bunun yerine, silindir içine hava çekilir ve pistonlar tarafından çok yüksek sıcaklığa erişene kadar sıkıştırılır. Yakıt daha sonra basınçlı bir şekilde silindire püskürtülür ve burada hemen tutuşur. Neredeyse tüm otobüs ve kamyonlar dizel motorludur çünkü bu motorlar benzinli motorlara göre yakıttan daha fazla enerji elde ederler.

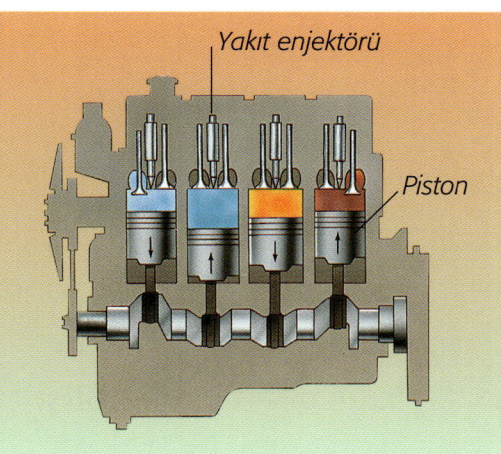

Yakıt enjektörü
Piston

Hızlı Test

1. Çoğu araç motorunda benzinle karışan nedir?
a) Hava
b) Su
c) Motorin

2. Hangi dişlide motor doğrudan tekerlere bağlıdır?
a) Ön dişli kutusu
b) Arka dişli kutusu
c) Geri vites dişli kutusu

3. Fren disklerini sıkıştıran nedir?
a) Fren balatası
b) Fren pedalı
c) Fren tamburu

4. Dizel motorların çalışması için hangisi gerekli değildir?
a) Piston
b) Buji
c) Supap

Vites (dişli) kutusu ne iş yapar?

Vites kutusu aracın motoruyla tekerleri arasında bir bağlantı kurar. Sadece ön dişlilerde motor ve tekerler arasında doğrudan bir bağlantı vardır. Diğer bütün dişliler, vites kutusunun içindeki farklı dişli gruplarının dolayısıyla da tekerlerin motora göre farklı hızlarda hareket etmesini sağlar. Vites gereklidir çünkü motorun en verimli çalıştığı hız oldukça yüksek olmasına rağmen, araç çoğunlukla çok daha yavaş; hatta bazen ters yönde hareket etmek zorundadır. Çoğu araçta beş ya da altı ileri ve bir geri vites vardır.

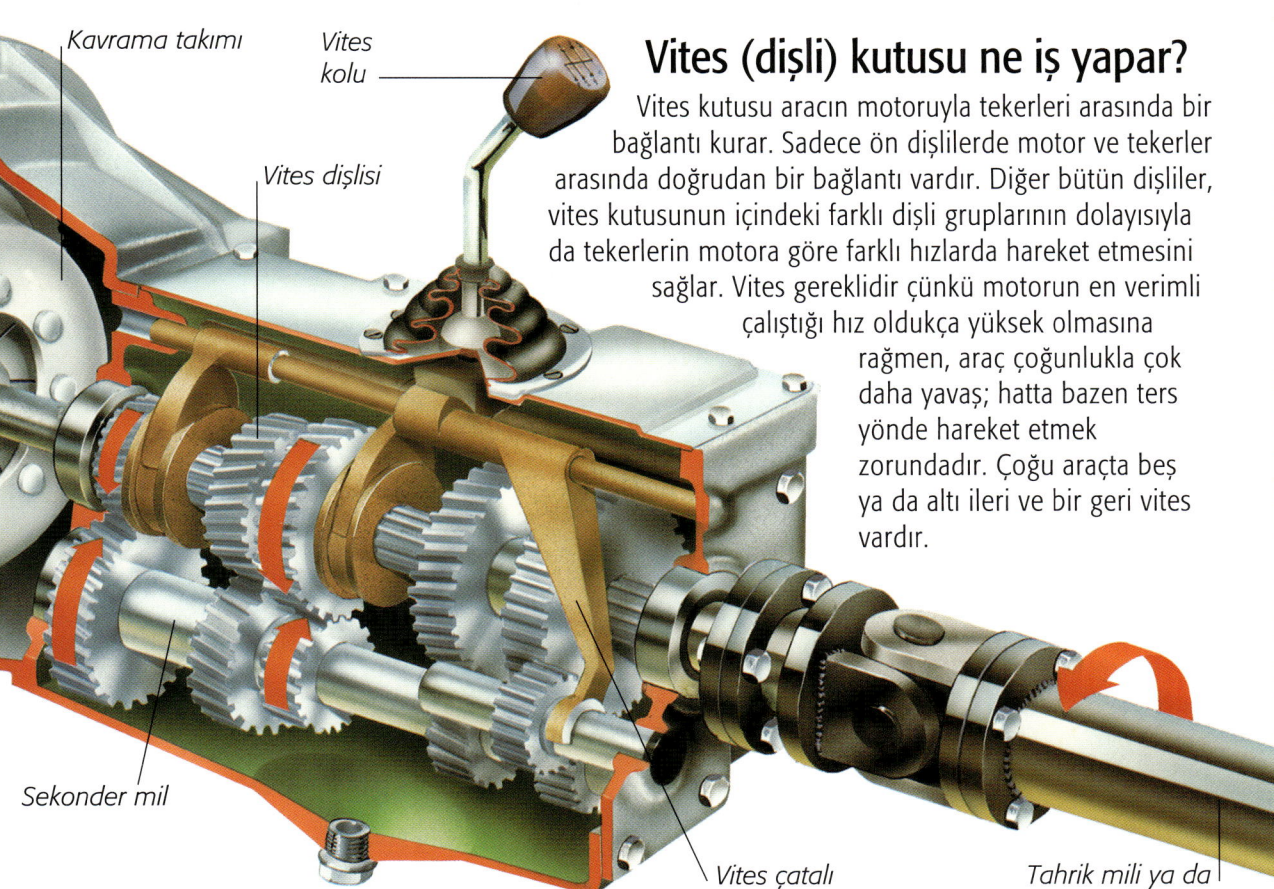

Kavrama takımı
Vites kolu
Vites dişlisi
Sekonder mil
Vites çatalı
Tahrik mili ya da transmisyon mili

Dört zamanlı motor çevrimi nedir?

1 Piston aşağı doğru inerken hava ve yakıt silindirin içine girer. Bu, "emme" zamanıdır.

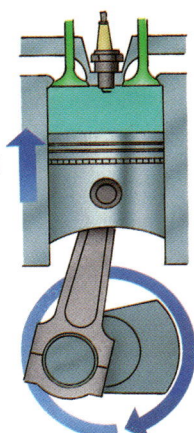

2 Piston yukarı doğru hareket ederek hava-yakıt karışımını sıkıştırır. Bu, "sıkıştırma" zamanıdır.

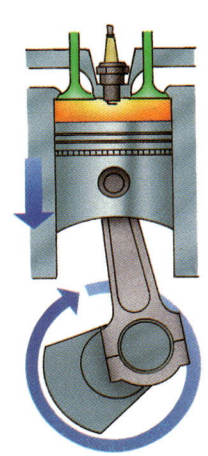

3 Buji, yakıtı tutuşturur ve genişleyen gazlar pistonu aşağı doğru iter. Bu, "ateşleme" zamanıdır.

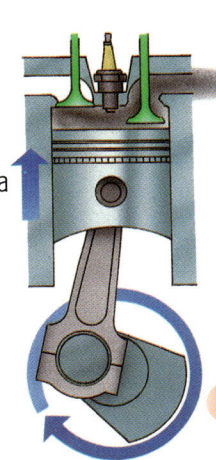

4 Piston tekrar yukarı doğru hareket ederken yanma sonucunda ortaya çıkan gazların tamamı dışarıya itilir. Bu, "egzoz" zamanıdır.

Elektrik

Dört bir yanımızı saran elektrik televizyonlarımızı çalıştırır, bizleri ısıtır ve geceleri evlerimizi aydınlatır. Fakat mucitlerin bu güç kaynağından yararlanması ancak 18. yüzyılda, ilk kimyasal güç bataryalarının geliştirilmesiyle mümkün olmuştur. Günümüzde elektrik, uzay aracından kolunuzdaki saate kadar her şeye güç sağlamaktadır.

Elektrik kullanarak nasıl mıknatıs yapılır?

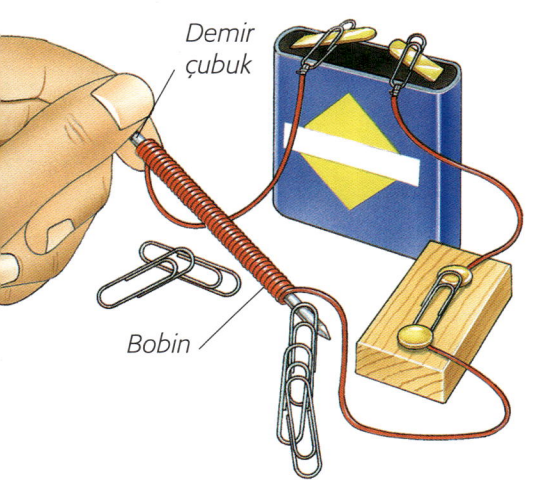

Demir çubuk
Bobin

İçinden akım geçen her tel bir manyetik alan meydana getirir. Fakat bu alan genellikle çok zayıftır. Teli, demir bir çubuk üzerine sarıp bobin oluşturarak manyetizma çok daha güçlü hale getirilebilir. Çok güçlü bir elektrik akımı kullanarak elektromıknatısların bir araba ağırlığındaki metal nesneleri kaldırması bile sağlanabilir.

Elektrik motoru nasıl çalışır?

Elektrik motoru, mıknatısların davranış şekli sayesinde çalışır. Her mıknatısın iki kutbu vardır: "kuzey" ve "güney". Karşıt kutuplar birbirini çeker, aynı kutuplar ise birbirini iter. Basit bir elektrik motoru (aşağıda), biri sabit ve diğeri hareketli olmak üzere iki mıknatısa sahiptir. Bir elektromıknatıs olan hareketli mıknatıs, sabit mıknatısın manyetik alanı içine yerleştirilir ve hareketli olan iki mıknatısın manyetik alanlarının etkileşime girmesi sayesinde kendi çevresinde döner. Komütatör denen bir cihaz, motorun sürekli dönmesini sağlamak için elektromıknatısın akımını ve manyetik alanını her yarım turda bir tersine çevirir.

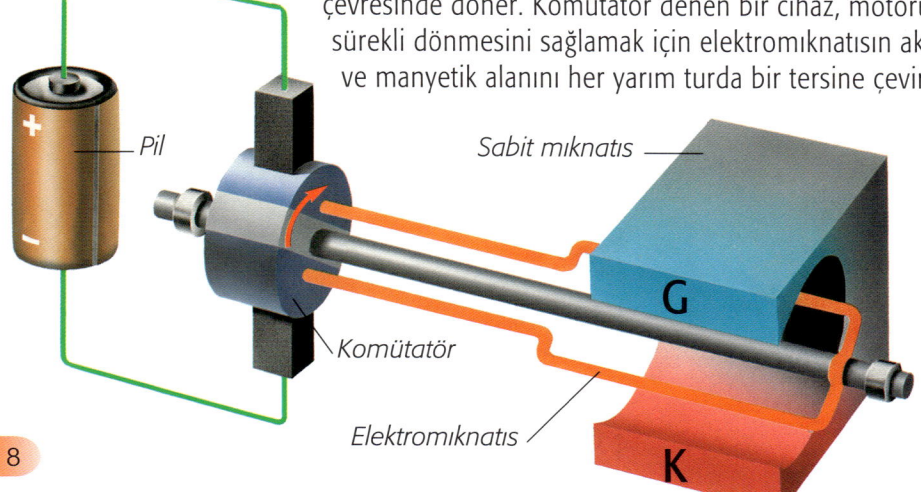

Pil — *Sabit mıknatıs* — *Komütatör* — *Elektromıknatıs*

Kutup — *Çinko kılıf* — *Karbon çubuk* — *Kimyasal karışım* — *Kutup*

Pilin içinde ne vardır?

Standart bir çinko-karbon pil (yukarıda), kimyasal bir karışımla çevrelenmiş bir karbon çubuk içerir. Bu kimyasallar, karbon çubukla çinko kılıf arasında bir tepkimeye yol açarak elektrik üretilmesini sağlar. Karbon çubuk pozitif, çinko kılıf negatif yüklü olur, bu nedenle pil bir devreye bağlandığında akım bir kutuptan diğerine geçer.

Paratoner nedir?

Paratoner, yüksek binaların tepesine yerleştirilen ve kalın bir telle toprağa bağlanan metal çubuktur. Bu çubuğa yıldırım çarptığında elektrik akımı telden güvenli bir şekilde toprağa geçer. Bazı durumlarda bu akım yüz milyonlarca volt büyüklüğündedir. Paratoneri olmayan yüksek bir bina, yıldırım çarptığında kolaylıkla alev alabilir ve kullanılmaz hale gelebilir.

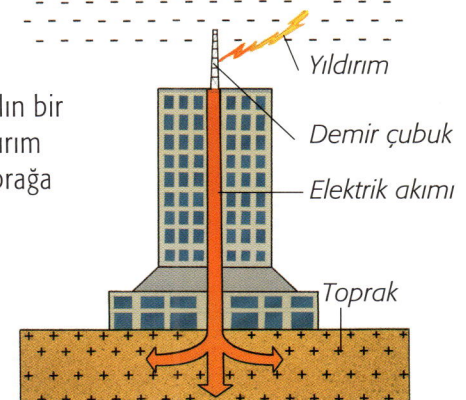

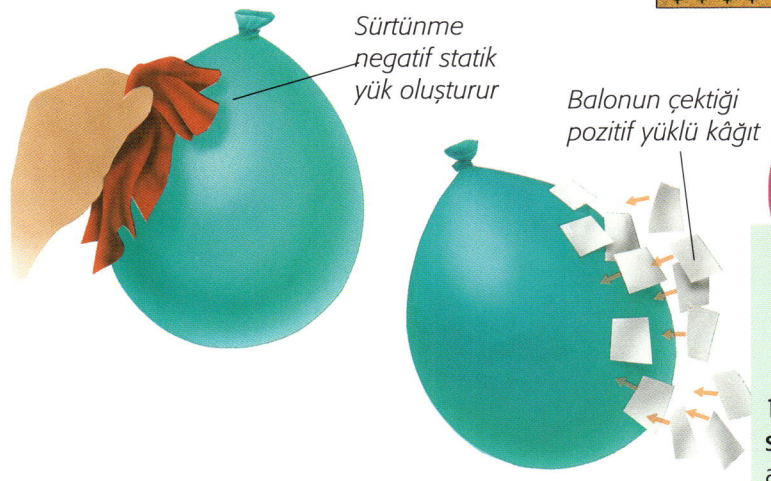

Statik elektriğin kaynağı nedir?

Dünyadaki her şeyde elektron denilen küçük parçacıklar vardır ve bu parçacıklar negatif elektrik yükü taşır. Balon ve bir parça kumaş gibi iki nesneyi birbirine sürttüğünüzde (yukarıda), bazı elektronlar kumaştan balona geçer ve balon negatif yüklü hale gelir. Balon, negatif yüklendikten sonra, küçük kâğıt parçaları, hatta tavan yüzeyi gibi pozitif yüklü her şey ile etkileşime geçerek birbirlerini çekerler.

Yakıt hücresi nedir?

Yakıt hücresi pile benzer, elektrotlarında katalizör denilen özel bir kimyasal kullanarak hidrojen (H_2) ve oksijenden (O_2) elektrik üretir. Bu hücreler çok verimlidir ve atık ürünleri yalnızca sudur. Günümüzde yakıt hücreleri uzay araçlarını çalıştırmada kullanılıyor fakat bir gün otomobiller ve kamyonlar için temiz enerji kaynağı sağlayabilir.

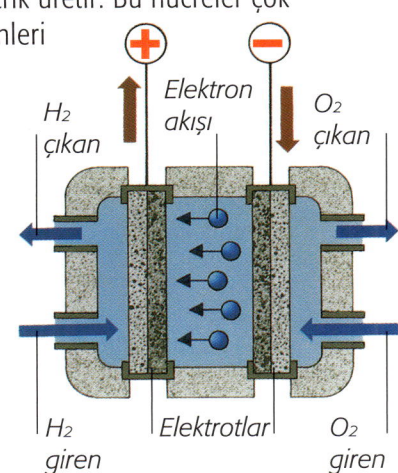

Nükleer enerji nedir?

Nükleer enerji santralleri nükleer bölünmeyle, yani atomların parçalanmasıyla ortaya çıkan büyük miktardaki enerjiyi ısı üretmede kullanır. Bu ısı, buhar elde etmek için kullanılır; elde edilen bu buhar, fosil yakıtlı elektrik santrallerinde kullanılanlara benzer yapıda bir türbin-jeneratör sistemini çalıştırır.

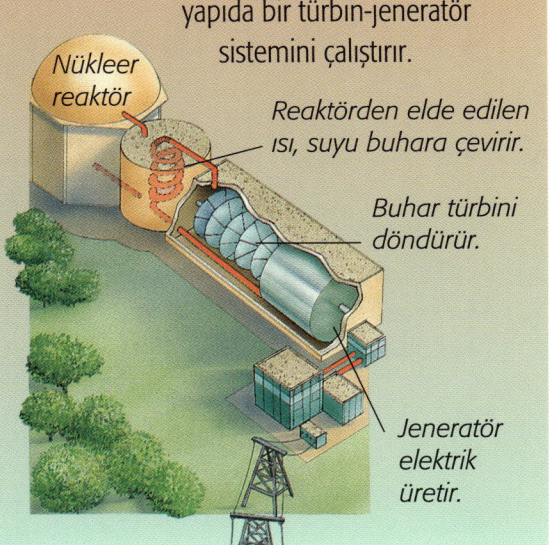

Hızlı Test

1. Elektron ne tür yüke sahiptir?
a) Pozitif
b) Negatif
c) Nötr

2. Paratoner nerede bulunur?
a) Konser salonunda
b) Yer altında
c) Binanın tepesinde

3. Elektromıknatıs yapmak için elektrikten başka neye gereksinim duyarsınız?
a) Tek bir tele
b) Demir bir çubuğa
c) Demir bir çubuğa ve telden bir bobine

4. Elektrik motorunun sürekli dönmesini sağlayan nedir?
a) Elektromıknatıs
b) Komütatör
c) Sabit mıknatıs

Geleceğin Enerjisi

Dünyadaki kömür, petrol ve doğal gaz miktarları azalırken, yeni enerji kaynaklarına duyulan ihtiyaç her geçen gün artmaktadır. Bu sorunun çözümü "yenilenebilir kaynakları" kullanmak olabilir. Rüzgâr, Güneş ve dalga gibi doğal kuvvetler sınırsız olmanın yanı sıra, doğru teknolojiyle kullanıldıklarında, dünyanın enerji ihtiyacını sonsuza kadar karşılayabilecek yeni ve temiz güç kaynakları sağlayabilir.

Rüzgâr nasıl ekilir?

"Rüzgâr çiftliği" elektrik üretmek üzere birbirine bağlanmış yüksek teknoloji ürünü rüzgâr türbinlerinin bir araya getirilmesidir. Rüzgâr türbinlerinin mümkün olduğunca fazla rüzgârdan yararlanması için büyük kanatları bulunur. Türbinler, ayrıca rüzgârın yönünü izleyen alıcılara sahiptir. Rüzgârın yönü değişirse alıcılar elektrik motorunu çalıştırarak, kanatların tekrar rüzgâr alacak konuma gelmesini sağlar. Böylece türbinler sürekli döner. ABD'nin Kaliforniya eyaletindeki bir rüzgâr çiftliğinde 4000'den fazla türbin bulunmaktadır ve bu çiftlik, tüm San Francisco'nun elektrik ihtiyacını karşılamaya yetecek kadar enerji üretmektedir.

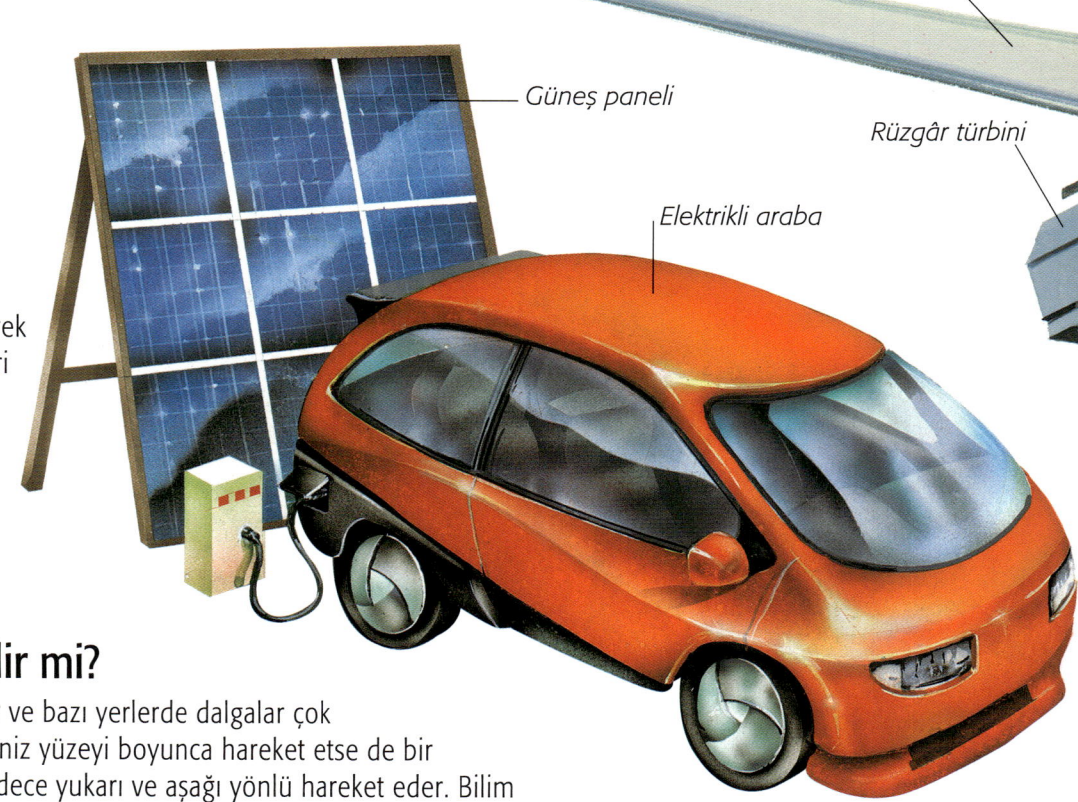

Kanat

Güneş paneli

Rüzgâr türbini

Elektrikli araba

Güneş paneli nedir?

Güneş ışığını doğrudan elektriğe dönüştürebilen ünitelere güneş hücresi denir. Bunların bir araya gelmesiyle de güneş panelleri oluşur. Her hücrede iki silikon katman vardır ve bu silikonlar farklı çeşitlerdedir. Güneş ışığı hücreye vurduğunda elektron denilen küçük parçacıklar bir katmandan diğerine geçerek küçük bir akım oluşturur. Güneş panelleri güneş ışığının güçlü vurduğu uzayda ve çok düşük enerji gereksinimi olan hesap makinesi gibi cihazlarda iyi çalışır. Bilim insanları bir gün arabaların çoğunun güneş enerjisiyle çalışabilmesini umuyor.

Dalgadan enerji üretilebilir mi?

Deniz her zaman hareket eder ve bazı yerlerde dalgalar çok güçlüdür. Dalgalar, deniz yüzeyi boyunca hareket etse de bir noktada su sadece yukarı ve aşağı yönlü hareket eder. Bilim insanları, bu hareketten yararlanan serbest dubalardan oluşan makineler tasarlamışlardır. Her dalga geçişinde dubalar yukarı ve aşağı vurarak dalganın hareketini, türbinle çalışan bir elektrik jeneratörünün bağlı olduğu pompa mekanizmasına aktarır.

Türbinle çalıştırılan jeneratör

Duba (Salter ördeği)

Akarsu kenarlarında neden çok sayıda elektrik santrali vardır?

Birçok elektrik santrali, türbin-jeneratör grubunu çalıştırmak için akan suyun enerjisini kullanır. Hidroelektrik santrali olarak adlandırılan bu santraller, çoğunlukla yüksek su rezervi olan barajların yanına inşa edilir. Barajdaki dar bir gideğen (çıkış noktası) sabit ve hızlı su akımı sağlayarak elektrik üreten türbinleri çalıştırır.

Kayaçlardan nasıl enerji elde edilir?

Yerin derinliklerinde, dünyanın çekirdeğine yaklaştıkça kayaçlar 300°C gibi yüksek sıcaklıklara ulaşır. Mühendisler, bu ısıyı elektrik üretiminde kullanmak için yüksek sıcaklıktaki kayaçlara doğru iki adet ince sondaj deliği açarlar. Mühendisler daha sonra bu deliklerin birinden aşağıya doğru su basar; su burada aniden kaynayarak buhara dönüşür ve çok yüksek bir basınçla diğer delikten yukarıya doğru itilir. Yukarı fışkıran su buharı bir türbini hareket ettirmek ve elektrik enerjisi üretmek için kullanılabilir. Bu enerjiye jeotermal enerji denir.

Hızlı Test

1. Hidroelektrik santralleri genellikle nereye kurulur?
a) Barajların kenarına
b) Şehrin meydanına
c) Deniz kenarına

2. Jeotermal enerji elde etmek için su neye dönüştürülür?
a) Hidrojene
b) Su buharına
c) Buza

3. Rüzgâr türbinlerinde neden elektrik motoru bulunur?
a) Kanatları döndürmek için
b) Kanatları rüzgâr alacak konuma getirmek için
c) Güç üretmek için

4. Güneş hücrelerinin yapımında hangi malzeme kullanılır?
a) Kauçuk
b) Plastik
c) Silikon

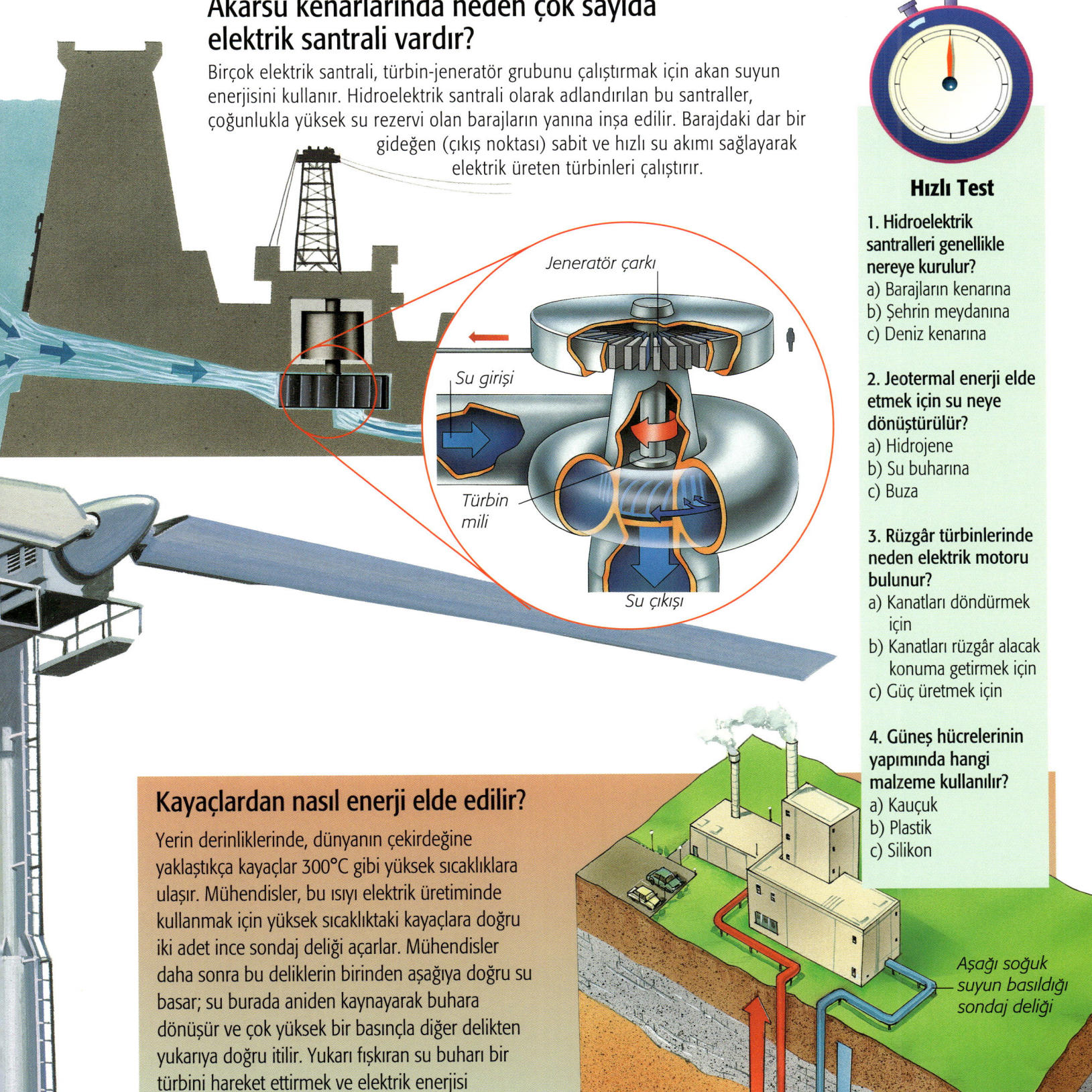

Dev Makineler

Makineler ne kadar büyük ve karmaşık görünse o kadar iyilerdir diye düşünebilirsiniz, bazen gerçekten de öyledir! Binlerce hektarlık tarlaları hasat eden biçerdöverlerden büyük bir hayvan sürüsünü kıtanın bir ucundan diğerine ulaştıran karayolu trenlerine kadar dünyanın "dev makineleri", en zor ve karmaşık işlerini yapması gereken makinelerdir.

"Karayolu treni" nedir?

Lokomotif arkasında çok sayıda vagon çeker, "karayolu treni" de arkasında çok sayıda römorku çeken bir kamyondur. Yükü çeken kamyonun güçlü bir dizel motoru vardır. Karayolu trenlerini döndürmek çok güç olduğundan, bu araçlar yalnızca Avusturalya gibi yolları uzun ve düz olan ülkelerde kullanılabilmektedir.

En büyük kamyonlar nerede bulunur?

Büyük taş ocaklarında ve kömür madenlerinde, dev iş makineleri ve kamyonlar vardır. Bu devasa makinelerin ömrü çoğunlukla aktif olarak kullanıldıkları tek bir yerde geçer çünkü ebatları yüzünden yollarda gezinemezler. Paletli kepçeler bir ev büyüklüğünde olabilir, kepçelerin yüklerini boşalttıkları dev kamyonlar ise 330 tona varan bir ağırlığı yani 150'den fazla arabanın toplam ağırlığını kaldırabilir.

İtfaiye aracında neler var?

Çoğu itfaiye aracında binalarda ya da araçlarda sıkışan insanları kurtarmak için kesme ekipmanları ve itfaiyecileri zehirli dumandan korumak için solunum cihazları bulunur. Bazı yangın söndürme araçlarında, itfaiyecilerin yüksek binalardaki (sağda) yangınlarla mücadele edebilmesi için uzatılabilir merdivenler vardır. Merdiveni olmayan diğer araçlarda makaralı hortum ve çok güçlü pompalar vardır.

Biçerdöver nasıl hasat kaldırır?

Biçerdöverin önünde dönen büyük dolap, tahılı kesiciye doğru çeker; kesici, sapları doğrar ve yukarıdaki konveyöre, oradan da dövme silindirine gönderir (aşağıda). Dövme silindiri, dönerek taneyi sap ve çöpten ayırır. Taneler birkaç elekten geçer, diğer bir konveyör bu taneleri bir depolama tankına gönderir. Saman ve çöp, biçerdöverin arkasından büyük bir fanla uzaklaştırılır.

Dolap *Kesici*

Kepçe nasıl kazar?

Çoğu kepçe aracının iki kepçesi vardır. Ön kepçe, araç ileriye gittiğinde kazma işi yapar. Bu kepçe geniş, sığ delikler açabilir ve bir buldozer gibi toprağı kazıyabilir. Arkadaki aparat ise çapa kepçesidir. Güçlü hidrolik kolları, bu kepçeye aşağı doğru kazı yapma ve derin çukurlar açma imkânı sağlar. Kazı yaparken kepçenin devrilmesini engellemek için sürücü kabininin her iki tarafına da dengeleyici ağır metal direkler indirilir.

Ön kepçe
Çapa kepçesi
Metal direk

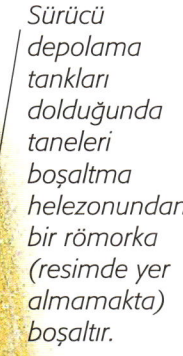

Hızlı Test

1. Biçerdöverde dolap ne iş yapar?
a) Tahıl saplarını içeriye çeker.
b) Tahılı doğrar.
c) Taneyi çöpünden ayırır.

2. Trenin ön bölümüne ne ad verilir?
a) Kabin
b) Lokomotif
c) Motor

3. En büyük kamyon kaç ton yük taşıyabilir?
a) 550 ton
b) 100 ton
c) 330 ton

4. Kepçe çukur kazmak için hangi aparatını kullanır?
a) Kazıcıyı
b) Ön kepçeyi
c) Çapa kepçesini

Konveyör — *Tane depolama tankı* — *Dövme silindiri* — *Boşaltma helezonu* — *Sürücü depolama tankları dolduğunda taneleri boşaltma helezonundan bir römorka (resimde yer almamakta) boşaltır.* — *Tane depolama tankı* — *Çöp ve saman atık olarak geride bırakılır.*

13

Baskı Altında

Sıvılar ve gazlar özellikle sıkıştırıldıklarında ya da çok yüksek basınca maruz kaldıklarında çok güçlü olabilirler. Betonu parçalayabilen pnömatik matkap sıkıştırılmış havayla çalışır. Damperli bir kamyonun ağır yükü yüksek basınçlı yağ kullanan hidrolik bir ayakla kaldırılır. Sıkça kullandığımız sprey tüpleri de içerdiği sıvıyı püskürtmek için sıkıştırılmış gazın gücünden faydalanır.

Damperli araç nasıl yük boşaltır?

Damperli kamyonun arka kısmında bulunan kasa bir hidrolik kol yardımıyla kaldırılır. Hidrolik kol, içinde pistonu bulunan ve yüksek basınçlı yağ tankına borularla bağlı olan bir silindirdir. Yükü devirmek için bir valf açılır ve yağın silindirin içine girip pistonu yukarıya iterek aracın kasasını kaldırması sağlanır. Damperli kamyonun kasasının tekrar aşağı inmesi için yağ tanka geri gönderilir ve hidrolik kol yavaşça ilk pozisyonuna çekilir.

Hidrolik kol

Sprey tüpü nasıl çalışır?

Sprey tüpü iki madde içerir: boya ve parfüm gibi bir "ürün" ve "itici gaz" denilen yüksek basınçlı bir gaz. Tüpün tepesindeki püskürtücü başlığa bastırdığınızda itici gaz bir miktar ürünü ince tüpten yukarıya doğru yüksek bir basınçla gönderir ve ürün püskürtme başlığından sprey şeklinde çıkar.

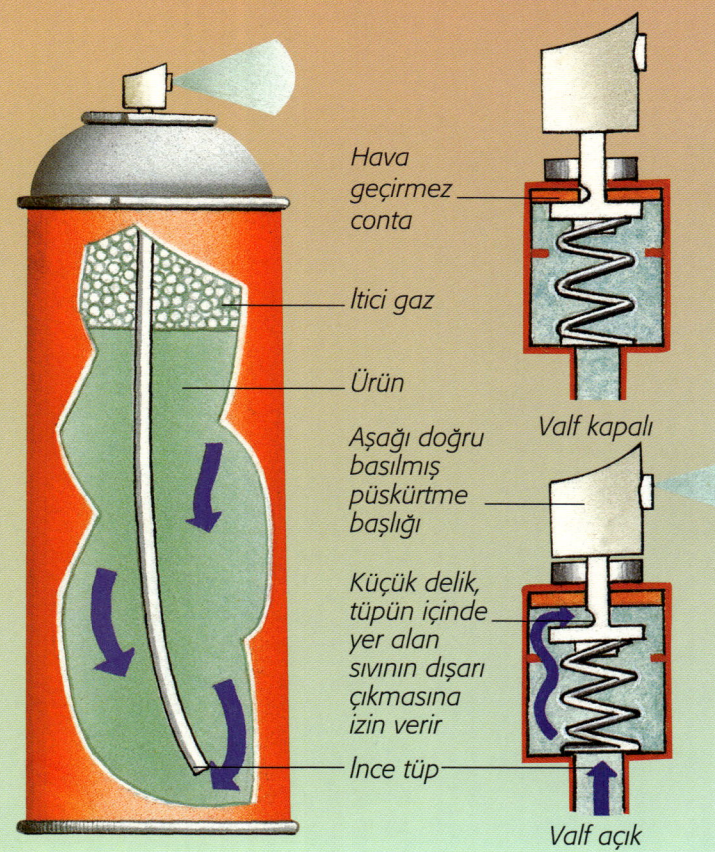

Hava geçirmez conta
İtici gaz
Ürün
Valf kapalı
Aşağı doğru basılmış püskürtme başlığı
Küçük delik, tüpün içinde yer alan sıvının dışarı çıkmasına izin verir
İnce tüp
Valf açık

Kaç çeşit su çarkı vardır?

İki temel su çarkı tipi vardır. "Yukarıdan su alan" bir su çarkında (sağda) su, yukarıdan çarkın üzerine dökülür, dökülen su ile dolan kepçeler çarkı döndürür. "Altından geçen su ile çalışan" bir su çarkında ise su, çarkın altından geçer ve su akıntısı çark paletlerini döndürür. İki tip su çarkı da suyun hareketini elektrik üretiminde ya da doğrudan makinelerin çalıştırılmasında kullanılabilen dönme hareketine dönüştürür. Günümüzde hidroelektrik enerji santrallerinde jeneratörleri çalıştıran türbinleri döndürmek için ileri teknoloji ürünü su çarkları kullanılmaktadır.

Pompa nasıl çalışır?

Yaygın bir pompa şekli santrifüjlü pompadır (sağda). Bu pompa, pompa dişlisi içeren yuvarlak bir gövdeye sahiptir. Pompa dişlisi, bir dizi uzun kanatlı fanı olan bir aparattır. Sıvı, pompaya orta kısmından girer ve dönen pompa dişlisi, sıvıyı pompa haznesinin kenarlarına yüksek hızlarda basar. Bu gerçekleştiği zaman, sıvının basıncı artar ve sıvı pompadan yüksek bir hızla dışarı çıkar. Santrifüjlü pompalar, araç motorlarında yağ pompalamak için kullanılır.

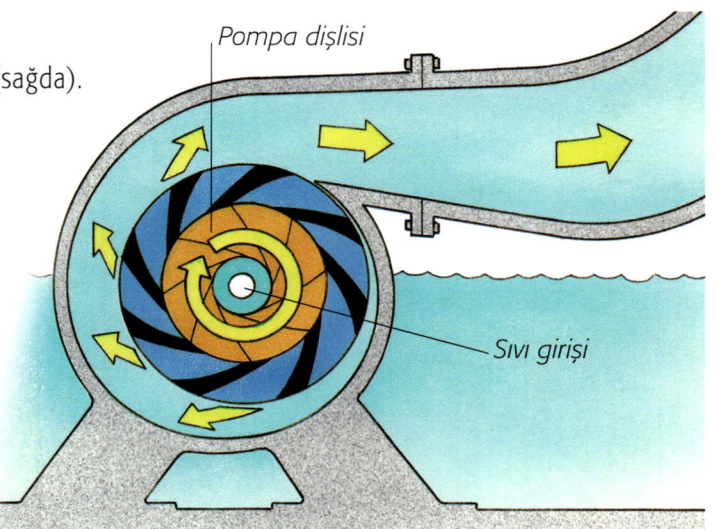
Pompa dişlisi
Sıvı girişi

Hızlı Test

1. Su akışını musluğun hangi parçası durdurur?
a) Musluk başı
b) Musluk contası
c) Musluk ucu

2. Pompanın dönen parçasına ne denir?
a) Fan
b) Türbin
c) Pompa dişlisi

3. Pnömatik matkap ne ile çalışır?
a) Sıkıştırılmış hava
b) İtici gaz
c) Su

4. Hidrolik kolda hangi sıvı kullanılır?
a) Su
b) Yağ
c) Benzin

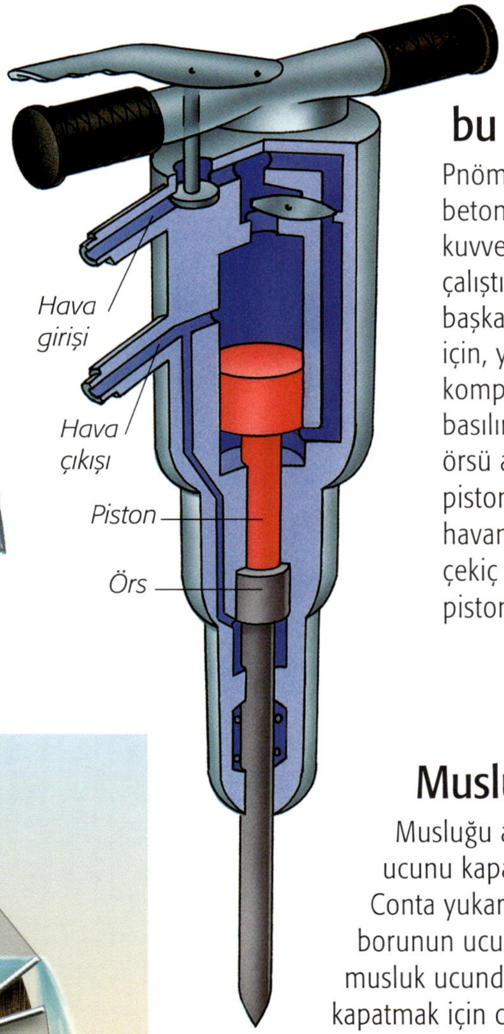

Pnömatik matkap neden bu kadar kuvvetlidir?

Pnömatik matkap, kayayı ya da betonu parçalayıp geçecek kadar kuvvetlidir ve aslında matkabı çalıştıran şey temiz havadan başka bir şey değildir! Bunun için, yüksek basınçta bir kompresörle matkap içine hava basılır. Matkabın içindeki hava, örsü aşağı zorlayan ağır bir pistonu aşağı ittirir. Dışarı çıkan havanın bir kısmı, matkap bir çekiç gibi tekrar aşağı inmeden pistonu geri yukarı iter.

Hava girişi
Hava çıkışı
Piston
Örs

Musluğu açtığınızda ne olur?

Musluğu açtığınızda, bir vidayı gevşeterek, su borusunun ucunu kapatan lastik bir contayı yukarı kaldırırsınız. Conta yukarı yönde hareket eder etmez, su borunun ucundan musluk gövdesine, sonra da musluk ucundan dışarı doğru akar. Musluğu kapatmak için contayı su borusuna sağlam bir şekilde oturtmak; su akışını durdurmak için ters yönde çevirmek ve tekrar sıkmak gerekir.

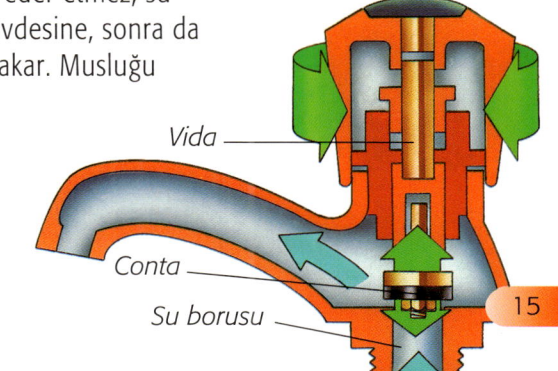
Vida
Conta
Su borusu

Çevremizi Saran İcatlar

Evlerimiz hayret verici buluşlar ve araçlarla doludur. Bunlardan bazıları ampul gibi çok basitken, diğerleri elektrikli süpürge gibi daha karmaşık makinelerdir. Hepsine o kadar aşinayız ki genelde onları görmezden geliyoruz. Oysa her birinin farklı bir hikâyesi var ve gündelik hayatımızı kolaylaştırmak için farklı teknolojiler kullanırlar.

İki çevrimli mekanizma tozun tekrar ortama dönmesini önler

Elektrikli süpürge nasıl çalışır?

Elektrikli süpürgede elektrikli bir motorla çalışan bir fan vardır. Süpürgeyi çalıştırdığınızda fan bir miktar havayı süpürgeden dışarı doğru iter. Böylece süpürgenin çevresindeki ortamın basıncı süpürgenin içindeki basınçtan daha büyük olur. Bu basınç farkı süpürgenin yakınındaki kiri ve tozu içine çekmesi için yeterli olur.

Filtre
Döner fırça
Toz ve hava
Elektrik motor
Filaman
Argon gazı

Ampul neden parlar?

Standart bir ampulü yaktığınızda filaman denilen ince metal bir tel (yukarıda) üzerinden elektrik geçer. Elektrik bu teli akkor sıcaklığına yükselene ve ışık yayana kadar ısıtır. Ampulün içinde hava ya da oksijen olursa filaman hızla yanıp tükenir. Bu nedenle ampullerde argon gibi kimyasal açıdan aktif olmayan soygazlar kullanılır. Günümüzde elektrik tasarrufu sağlayan ve daha çevreci ampuller tercih edilmektedir.

Şamandıra
Sifon borusu
Giriş valfi
Su haznesi
Diyafram
Klozete su çıkışı

Sifonu çektiğinizde ne olur?

Sifonu çektiğinizde su haznesinden bir miktar suyu sifon borusuna çeken diyafram adlı bir diski kaldırırsınız. Sifona çekilen bu su, "sifon etkisi" denilen kuvvetle su haznesinde kalan suyu aşağı doğru çekerek klozete akar. Su haznesi boşalınca bir çubuğa bağlı olan şamandıra rezervuar haznesinin dibine düşer. Bu durum giriş valfini açarak temiz suyun rezervuar haznesini yeniden doldurmasına olanak verir. Hazne doldukça, şamandıra üst kısımda bulunan giriş valfini kapatıncaya kadar yükselir.

Diş macunundaki çizgiler nasıl oluşur?

Çizgili diş macunu tüpü aslında iç içe duran iki tüptür. Tüpün içine ilk olarak çoğunlukla kırmızı renkte renkli macun konur ve daha sonra içteki tüp beyaz macunla doldurulur. Tüpü sıktığınızda ortalanmış bir açıklıktan beyaz macun, kenardaki küçük deliklerden de renkli macun gelir. İki macun bir araya gelir ve çizgi desenli tek bir macun gibi görünür.

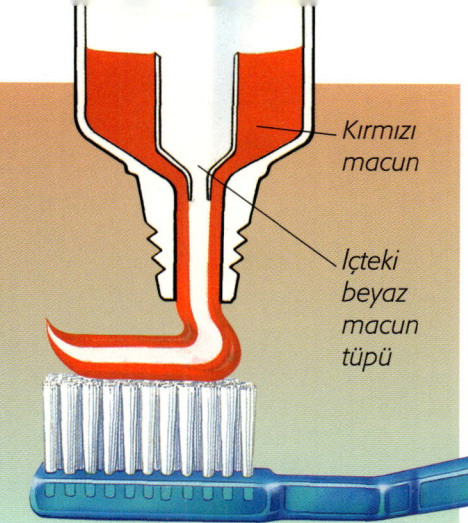

Kırmızı macun

İçteki beyaz macun tüpü

Termos neden vakumludur?

Vakum tamamen boş bir ortamdır. Vakumlu ortamda hiçbir şey yoktur, hava bile. Bu nedenle ısı, vakumlu bir ortamdan geçemez. Termosta, arası vakumlu iki cam ya da çelik katman vardır. Isının termostan dışarı çıkmasını engelleyen, sıcak içeceklerin sıcak kalmasını sağlayan şey de budur. Vakumlu bu katmanlar, aynı zamanda ısının içeri girmesini de engeller. Diğer bir deyişle, termos soğuk içecekleri de soğuk tutabilir. Termosun yalnızca kapağı tam sızdırmaz değildir, bu yüzden ısı kaybının en çok yaşandığı yer burasıdır.

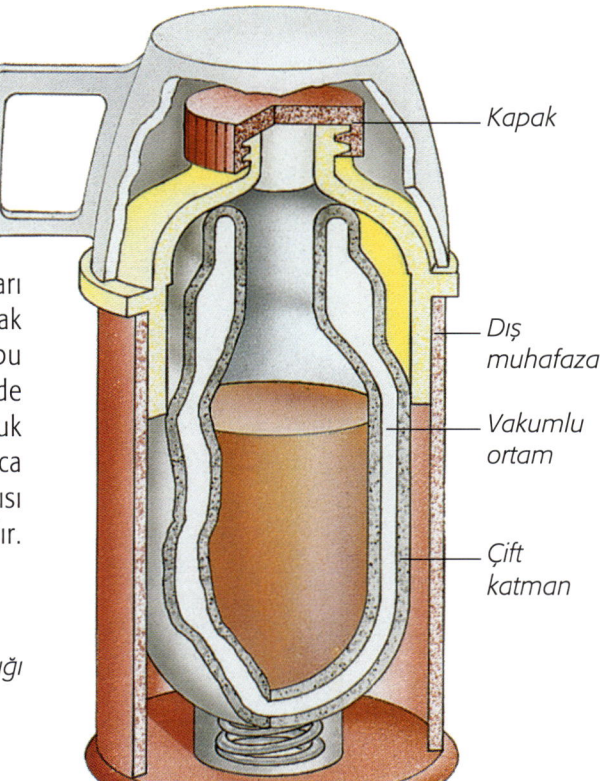

Kapak

Dış muhafaza

Vakumlu ortam

Çift katman

Hızlı Test

1. Ampul içindeki filaman neden tutuşmaz?
a) Filaman ısınmaz.
b) Ampul kimyasal açıdan aktif olmayan bir soygazla doludur.
c) Filaman özel bir metalden yapılmıştır.

2. Elektrikli süpürgenin içinde ne vardır?
a) Vakum
b) Alçak basınç
c) Yüksek basınç

3. Vakumun içinde ne vardır?
a) Hiçbir şey
b) Hava
c) Toz ve kir

4. Bir serada Güneş ışınları neye dönüşür?
a) Karbon dioksite
b) Morötesi ışığa
c) Kızılaltı ısı dalgasına

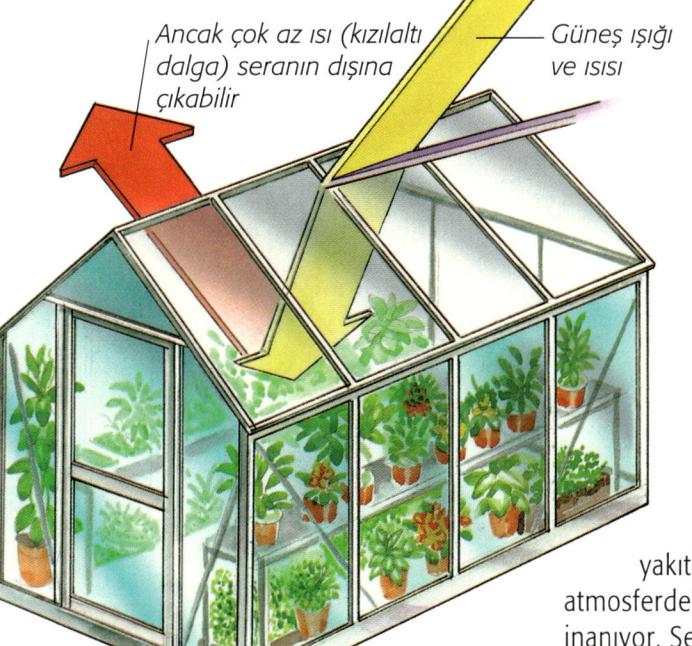

Ancak çok az ısı (kızılaltı dalga) seranın dışına çıkabilir

Güneş ışığı ve ısısı

Sera etkisi nedir?

Bulutlu günlerde bile, bir seranın içi dışından daha sıcaktır. Bunun nedeni, güneş ışınlarının camdan ışık dalgası biçiminde geçmesidir. Işık, seranın içindeki toprağa ya da bitkilere çarptığında, ışık enerjisi ısıya dönüşür. Kızılaltı dalgalar diye de bilinen ısı enerjisinin, camdan geçip dışarı çıkması kolay değildir, bu nedenle bu enerjinin çoğu, seranın içinde hapsolur ve serayı ısıtır. Birçok bilim insanı, fosil yakıtların yakılmasıyla açığa çıkan karbon dioksit gibi bazı gazların atmosferdeki yoğunluğunun artmasının Dünya'da "sera etkisi" oluşturduğuna inanıyor. Sera etkisinin ortalama sıcaklık değerlerini sürekli yükselterek yıkıcı olaylara yol açacağı düşünülüyor.

Mutfaktaki Teknoloji

Günümüzün mutfakları, kullanılan eşyaları temiz tutmak ve yiyecek hazırlamayı kolaylaştırmak üzere tasarlanmış makinelerle ve küçük aletlerle doludur. Bu makine ve aletler, ekmek kızartma makinesindeki basit yay mekanizmasından mikrodalga fırındaki programları kontrol eden mikroçiplere kadar her türlü teknolojiyi kullanır.

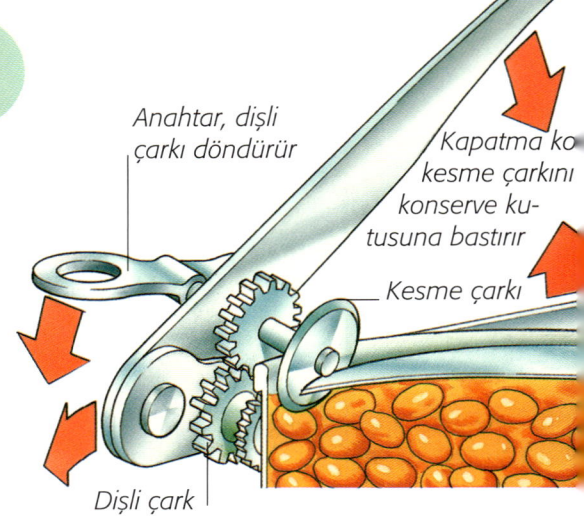

Anahtar, dişli çarkı döndürür
Kapatma ko kesme çarkını konserve kutusuna bastırır
Kesme çarkı
Dişli çark

Konserve açacağı metali nasıl keser?

Konserve açacağı, kolu indirildiğinde konserve kutusunun yumuşak metalini delen keskin, çelik bir kesme çarkına sahiptir. Kesme çarkının altında, anahtar elle çevrildiğinde konserve kutusunu döndüren bir dişli çark konserve kutusunun kenarının alt kısmına yerleşir. Elektrikli konserve kutusu açacakları dişli çarkın motorla döndürülmesi dışında aynı biçimde çalışırlar.

Cihazlar kendi kendilerini nasıl açıp kapatır?

Kombi gibi otomatik olarak açılıp kapanması gereken ev aletlerinde bazen bimetalik (iki metalli) çubuklar kullanılır. İki farklı metalden yapılmış bu çubuklar, farklı türden metallerin ısıtıldıkları zaman farklı oranlarda genleşmesi prensibiyle çalışırlar. İki metalli çubuk ısındığında, bir tarafı diğer tarafından daha fazla genleşir ve böylece çubuk eğilir. Bir yangın alarmı sisteminde (aşağıda) çubuk eğilerek elektrik devresini kapatır ve alarm zili çalar.

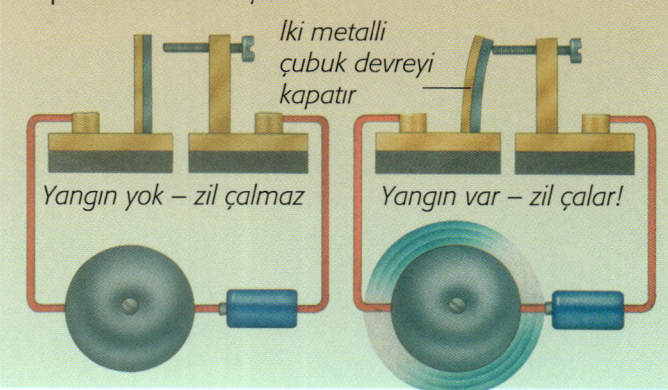

İki metalli çubuk devreyi kapatır
Yangın yok – zil çalmaz
Yangın var – zil çalar!

Bulaşık makinesi nasıl çalışır?

Bulaşık makinesi tencere, tava, tabak, çatal, bıçak ve kaşıkları çok az elektrik ve su kullanarak temizler. Bu harika işlemi, kirli bulaşıklara basınçlı sıcak su püskürten dönen bir başlık sayesinde gerçekleştirir. Bütün bulaşıklar iyice ıslatıldıktan sonra, deterjan ve diğer kimyasalların da eklenmesiyle işlem tekrarlanır. Su, her aşamada filtre edilerek temizlenir ve yeniden kullanılır. Bu nedenle çok az su harcanır ve su sürekli ısıtılmadığı için de fazla elektrik kullanılmaz. Son olarak tüm bulaşıklar temiz suyla durulanır.

Döner sprey | Su ısıtıcı | Su pompası | Atık su | Temiz su

Mikrodalga nedir?

Mikrodalga, radyo dalgaları gibi görünmez dalgalardır. Mikrodalganın bir özelliği, diğer molekülleri, özellikle sıvıların içindeki molekülleri hızlıca titreştirerek ısıtmasıdır. Mikrodalgalar doğrudan yiyeceğin içinden geçtiği için pişme bir anda başlar ve daha kısa sürer. Mikrodalga fırın magnetron kullanarak bu dalgaları üretir. Dalgalar daha sonra metal bir yansıtıcı fanla fırının içinde dağıtılır.

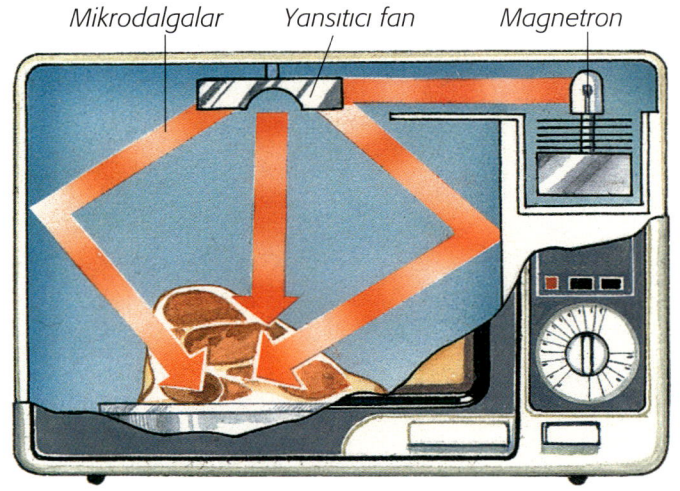

Mikrodalgalar — Yansıtıcı fan — Magnetron

Hızlı Test

1. Bir soğutucu akışkan hangi sıcaklıkta gaza dönüşür?
   a) 100°C
   b) 0°C
   c) 0°C'nin altı

2. Magnetron ne üretir?
   a) Mikrodalga
   b) Su
   c) Soğutucu akışkan

3. Isıtıldığında bimetalik çubuğa ne olur?
   a) Erir
   b) Mıknatısa dönüşür
   c) Eğilir

4. Konserve kutusu açacağının hangi bileşeni konserve kutusunu çevirmeye yarar?
   a) Dişli çark
   b) Demir çubuk
   c) Çelik çark

Kızarmış ekmek yukarı nasıl fırlar?

Bir ekmek kızartma makinesinin kolunu aşağı doğru bastırdığınızda yaylı raf, üzerine yaslandığı sürgülü bir mandal tarafından tutuluncaya kadar aşağı iner (solda). Ekmek kızartma makinesinin içindeki sıcaklık yüksek bir değere ulaştığında, bimetalik bir çubuk genleşir ve başka bir metal parçayla temas eder (aşağı solda). Bu temasla, bir elektromıknatısı aktif hale getiren elektrik akımı oluşturur. Mıknatıs, mandalı çeker, mandal da sürgünün serbest kalmasını sağlayarak yaylı rafın ve kızarmış ekmeğin yukarı fırlamasına neden olur.

Bimetalik çubuk — Raf — Yay — Sürgü — Kol — Mandal — Çubuk metale değer — Raf, yukarı sıçrar — Elektromıknatıs mandalı çeker — Mandal sürgüyü serbest bırakır

Buzdolabı nasıl soğutur?

Bir buzdolabı, sıvıların ve gazların birbirine dönüşürken ısı alışverişinde bulunması prensibiyle çalışır. Suyun (bir sıvının), buhara (bir gaza) dönüşmesi için yeterli miktarda ısı enerjisi alması gerekir. Fakat soğutucu akışkan denilen bazı özel sıvılar 0°C'nin çok altında gaza dönüşebilir. Buzdolabının içindeki soğutucu akışkan, "buharlaştırıcı" denilen bölgeden geçerken çevresindeki havadan bir miktar ısı enerjisi alarak gaza dönüşür. Hâlâ soğuk olan gaz basınçla pompalanarak buzdolabının arkasındaki ince kanallardan geçirilir. Burada, soğutucu akışkan, buzdolabının iç ortamından aldığı ısıyı dışarı vererek tekrar sıvı hale döner. Elinizi bir buzdolabının arkasına yakın tutarsanız, yoğunlaştırıcıdan yayılan ısıyı hissedebilirsiniz.

Buharlaştırıcı — Gaz halindeki soğutucu akışkan, buzdolabının içinde yer alan şeyleri soğutur. — Kanatçıklar ısıyı yayar — Soğutucu akışkanın akış yönü — Yoğunlaştırıcı — Pompa, gaz halindeki soğutucu akışkanı sıkıştırarak sıvı hale getirir.

Bakım ve Tedavi

Günümüzde tıp, eskiden olduğundan çok daha fazla ileri teknoloji içeriyor. Doktora ya da dişçiye gittiğinizde her türlü gelişmiş makine ve donanımla karşılaşabilirsiniz. Bu araçların bir kısmı, doktorların vücudunuzda neler meydana geldiğini anlamasına yardımcı olmak için geliştirilmiştir. Diğerleri, örneğin dişçilerin çok korkulan matkabı, işin uzmanının sizi tedavi etmesini ve iyileştirmesini sağlar.

BT tarayıcı nedir?

Bilgisayarlı tomografi ya da BT tarayıcı (sağda), beyin gibi yumuşak dokuların iç kısımlarının olağanüstü net fotoğraflarını elde etmek için röntgen ışınlarını ve bilgisayarı bir arada kullanır. Tarayıcının, farklı açılardan ince röntgen ışını demetleri gönderen bir döner başlığı vardır. Algılayıcılar, ışınların vücut tarafından ne şekilde soğurulduğunu kayıt altına alır ve doktorların inceleyebileceği bir görüntü oluşturulmak üzere bilgisayara aktarılır.

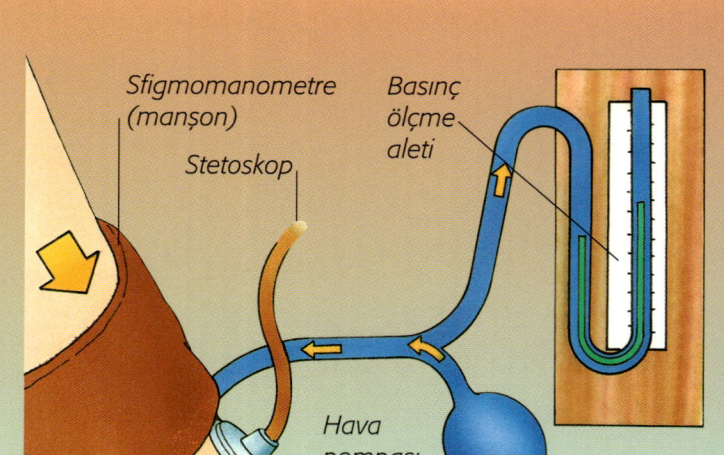

Tansiyon nasıl ölçülür?

Tansiyon yani kan basıncını ölçmek için üst kola kumaştan bir manşon sarılır ve sonra bunun içine hava basılır. Bu manşona sfigmomanometre denir ve işlevi isminden daha basittir! Şişirildiğinde kan akışını durdurur. Böylelikle doktor, her kalp atımında büyük arterlerde oluşan en yüksek kan basıncını ölçebilir. Doktor, daha sonra kan akışını tekrar sağlamak için manşondaki havayı boşaltır ve basıncı ikinci kez kaydeder. İlk ölçüm "büyük tansiyon", ikinci ölçüm ise "küçük tansiyon"dur.

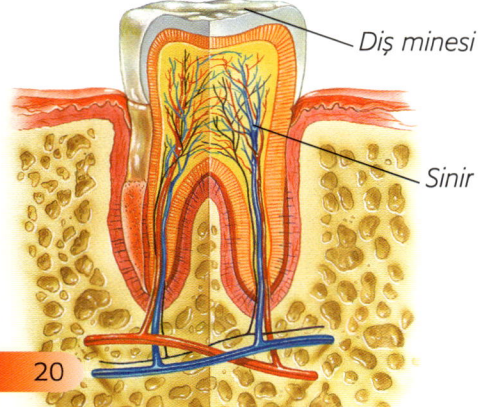

Diş dolgusunun içinde ne var?

Diş minesinde bir delik oluşursa (solda) çok geçmeden sinirler ağrı yapar. Çözüm, dişçinin çürüyen kısmı matkapla oyması ve deliği doldurmasıdır. Dolgu işleminin üç aşaması vardır. Öncelikle dişi yüksek ve düşük sıcaklıklardan korumak için alt katman ve astar katmanlar yerleştirilir. Daha sonra dolgu malzemesi kullanılır. Bu malzeme reçine, porselen, altın ya da amalgam olarak adlandırılan gümüşlü bir karışım olabilir.

Anne karnındaki bebek nasıl görüntülenir?

Anne karnındaki bebek (aşağıda) ultrason yöntemi ile görüntülenebilir. Bu yöntemde deriden ve kaslardan onlara hiç zarar vermeden geçebilen yüksek frekanslı ses dalgaları kullanılır. Doktor, ultrason aletindeki ölçüm ucunu annenin karın bölgesinde gezdirdiği sırada ölçüm ucu, karnın içine ses dalgaları gönderir. Bunların bir kısmı bebeğin kas dokusuna ve kemiklerine çarparak geri döner. Ultrason aleti, dalgaların yansıma süresinin ölçümünü yaparak bebeğin kesin pozisyonunu belirleyebilir ve ekranda bunun bir görüntüsünü oluşturabilir. Bazı durumlarda, bebeğin erkek mi kız mı olduğunu görmek dahi mümkündür.

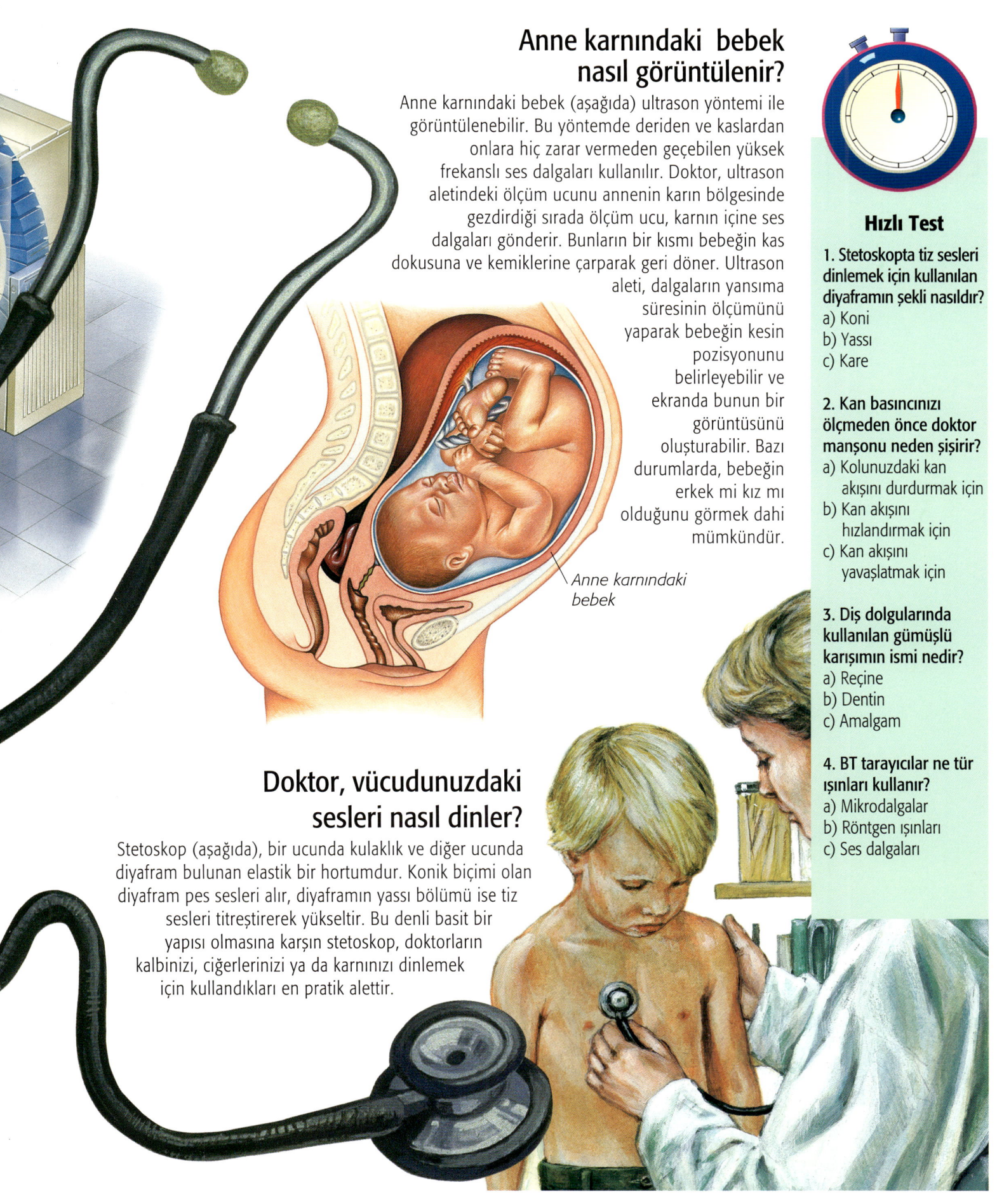

Anne karnındaki bebek

Doktor, vücudunuzdaki sesleri nasıl dinler?

Stetoskop (aşağıda), bir ucunda kulaklık ve diğer ucunda diyafram bulunan elastik bir hortumdur. Konik biçimi olan diyafram pes sesleri alır, diyaframın yassı bölümü ise tiz sesleri titreştirerek yükseltir. Bu denli basit bir yapısı olmasına karşın stetoskop, doktorların kalbinizi, ciğerlerinizi ya da karnınızı dinlemek için kullandıkları en pratik alettir.

Hızlı Test

1. Stetoskopta tiz sesleri dinlemek için kullanılan diyaframın şekli nasıldır?
   a) Koni
   b) Yassı
   c) Kare

2. Kan basıncınızı ölçmeden önce doktor manşonu neden şişirir?
   a) Kolunuzdaki kan akışını durdurmak için
   b) Kan akışını hızlandırmak için
   c) Kan akışını yavaşlatmak için

3. Diş dolgularında kullanılan gümüşlü karışımın ismi nedir?
   a) Reçine
   b) Dentin
   c) Amalgam

4. BT tarayıcılar ne tür ışınları kullanır?
   a) Mikrodalgalar
   b) Röntgen ışınları
   c) Ses dalgaları

Atölye

Kesmek, delmek ya da ağır yükleri kaldırmak için kullanılan çoğu atölye aracı, daha önce el ile yapılan işleri kolaylaştırmak için tasarlanmıştır. Bu araçlar çok güçlüdür fakat çoğu keskin bıçaklara sahip olduğundan ya da benzin gibi riskli yakıtlar kullandıklarından aynı zamanda çok tehlikeli de olabilirler.

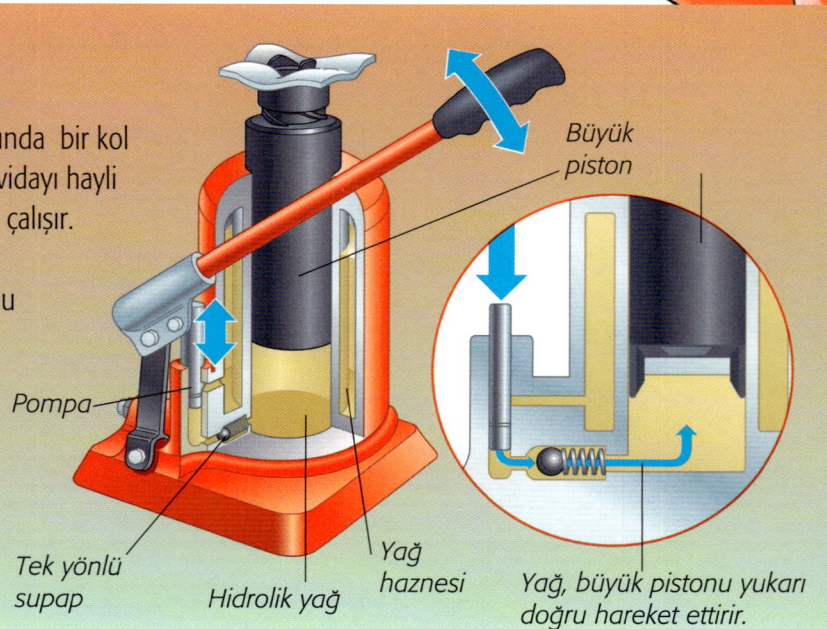

Çok yüksek sıcaklıkta alev üretmek için karıştırılmış gaz ve oksijen

Kaynak çubuğu

Yüksek ısı, metalleri birlikte eritir.

Elektrikli matkap neden çok güçlüdür?

Batarya ile çalışan kablosuz matkaplar da dâhil tüm elektrikli matkaplar boyutlarına göre şaşırtıcı derecede güçlüdür. Bu matkaplar çok fazla güç üretirler çünkü torklarını yani dönme kuvvetlerini artıran dişlilere bağlı olan çok verimli elektrik motorları vardır. Bütün bu enerji, matkap ucunun sertleştirilmiş uç kısmına aktarılır. Bu uç sayesinde matkap delme işlemini gerçekleştirir. Matkap ucunun spiral oluğu, atık malzemenin delikten dışarı çıkmasını sağlayarak delik derinleştikçe kesme ucunun tıkanmasını önlemek gibi önemli bir göreve sahiptir.

Matkap ucu
Kesme ucu
Dişliler
Motor
Spiral oyuk

Bir arabayı tek elinizle nasıl kaldırırsınız?

Kriko denilen bir alet yardımıyla, bir arabayı tek elinizle yerden kaldırabilirsiniz. Bunun için çeşitli krikolar vardır. Makas krikosunda bir kol ile çevrilen uzun bir vida vardır. Arabayı hafifçe kaldırmak için vidayı hayli çevirmeniz gerekir. Hidrolik bir kriko da (sağda) aynı prensiple çalışır. Aracı birkaç santimetre yukarı kaldırmak için kolu birçok kez pompalamalısınız fakat endişelenmenize gerek yok çünkü bunu yapmak çok kolay! Uzun kolu her hareket ettirdiğinizde çoğunlukla yağ olan hidrolik bir sıvıyı bulunduğu hazneden ortada bulunan büyük bir silindire pompalarsınız. Tek yönlü çalışan bir supap yağın geri akmasını engeller. Silindir yavaş bir biçimde yağla doldukça büyük piston yukarı doğru yükselmeye zorlanır ve aracı kolaylıkla kaldırmak için yeterli olan kuvveti uygular.

Büyük piston

Pompa

Tek yönlü supap

Hidrolik yağ

Yağ haznesi

Yağ, büyük pistonu yukarı doğru hareket ettirir.

Yapıştırıcı kullanmadan metaller birbirine nasıl bağlanır?

İki metal parçayı birleştirmenin en sağlam yolu bu parçaları birlikte eritmek yani "kaynak yapmak"tır. Bunun için, gazlı ya da elektrikli bir kaynak tabancasından sağlanan yoğun ısıyı kullanmanız gerekir. Kaynak yaparken yapıştırıcı kullanılmaz, fakat ilave bir dolgu metal olan kaynak çubuğu kaynak yapılacak noktada eritilebilir. Dolgu metali soğuduğunda iki metal parça çok sağlam bir biçimde birleştirilmiş olur. Lehimleme işleminde yalnızca dolgu metali yani "lehim" eritilir. Bu yüzden lehimleme kaynaktan farklıdır ve daha çok yapıştırmaya benzer.

İş parçasının dönme hareketi
Kesme takımı

Torna ile neler yapabilirsiniz?

Torna tahta ya da metal parçaları direk, çubuk ya da tas gibi yuvarlak şekillere dönüştüren bir makinedir. Torna bunu işlenecek parçayı hızlıca döndürüp tornanın kesici kısmına yaklaştırarak gerçekleştirir. Yetenekli torna ustaları, tornaya bağlı parçaya her türlü şekli verebilir. Karmaşık şekilli bir obje yapmak için tahta ile çalışırken kesici takım bir desteğe dayalı şekilde elde tutulabilir. Yüksek hassasiyetli metal işlemede ise kesici takımlar genellikle bilgisayar ile kumanda edilir.

Marş kolu
Cer dişlisi
Kulp
Kulp mahfazası
Kesme dişi
Zincir dişlisi
Pala

Zincirli testere nasıl çalışır?

Zincirli testerede, bisiklet zincirine benzer bir zincire bağlı olan keskin kesme dişleri bulunur. Zincir, palanın her iki ucundaki zincir dişlilerinin çevresinde döner ve küçük bir motorla hareket ettirilir. Zincir, yüksek hızlarda kısa sürede ısınır. Bu nedenle küçük bir yağ tankından damlatılan yağ ile soğutulur ve yağlanır. Çoğu zincirli testerede, bir kaza durumunda testereyi anında durduran bir dizi güvenlik önlemi vardır.

Hızlı Test

1. Hidrolik krikoda merkezi silindire ne ad verilir?
a) Hidrolik silindir
b) Hazne silindiri
c) Yedek silindir

2. İki metali en kuvvetli şekilde birleştirmenin yolu nedir?
a) Lehim yapmak
b) Yapıştırmak
c) Kaynak yapmak

3. Zincirli testerenin zincirlerine neden yağ damlatılır?
a) Daha hızlı çalışması için
b) Zinciri soğutmak için
c) Kesme dişlerini daha kesici hale getirmek için

4. Dönme kuvvetinin diğer adı nedir?
a) Hidrolik
b) Tork
c) Dönel

23

Çalışma Masasındaki Araçlar

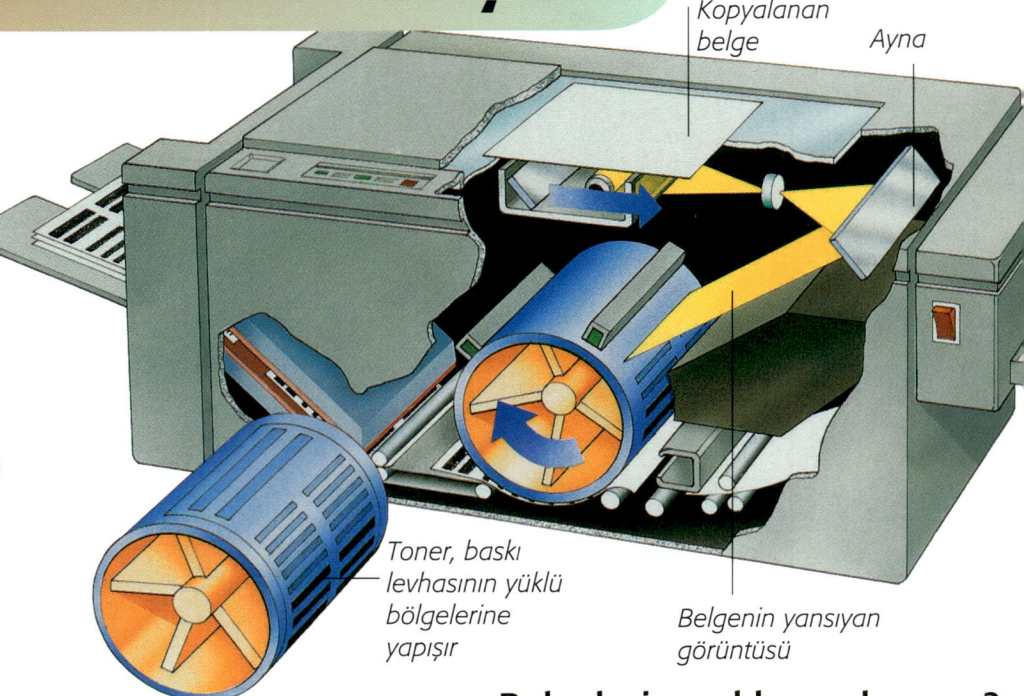

Kopyalanan belge
Ayna
Toner, baskı levhasının yüklü bölgelerine yapışır
Belgenin yansıyan görüntüsü

Çalışma masaları değişiyor. Yüzyıl önce çoğu çalışma masasının üzerinde yalnızca iki parça donanım vardı: metal uçlu basit bir kalem ve hokka. Bugün yazmayı, çoğaltmayı ve hesaplamayı her zaman olduğundan daha hızlı ve kolay hale getirmek için bir sürü aracımız var. Basit bir kalem bile atalarımızın tanıyamayacağı bir uzay-çağı aracı olarak yeniden tasarlanmıştır.

Belgeleri nasıl kopyalarsınız?

Fotokopi makinesinin içinde bulunan silindir biçiminde bir baskı levhası statik elektrikle yüklüdür. Kopyalanacak belge işlem sırasında aydınlatılır ve aynalar belgenin görüntüsünü silindirin üzerine yansıtır. Belgenin beyaz ve açık renkli bölgeleri, ışığı büyük oranda yansıtır, yansıyan ışığın baskı levhası üzerine çarptığı yerlerde statik yük ortadan kalkar. Bunun üzerine, siyah toz yani toner, baskı levhasının üzerine püskürtülür ve püskürtülen toner sadece elektrik yüklü bölgelere yapışır. Sonrasında, toner baskı levhasından kâğıda aktarılır ve tonerin katılaşması için baskıya ısı uygulanır.

Hesap makinesi nasıl işlem yapar?

Hesap makinesinin içinde bellek depoları ve işleme birimleri içeren bir dizi silikon çip vardır. "2", "+" ve "2" tuşlarına bastığınızda hesap makinesinin belleğine her tuş için bir kod girer. Daha sonra "=" e bastığınızda bir işlemci hesaplamayı yapar, kodu tekrar sayılara çevirir ve cevabı yani "4"ü görebilmeniz için sonucu ekrana gönderir.

Sıvı kristal ekran (LCD)
Silikon çipler içeren elektronik devre kartı
Dolum tüpü
Bilye
Mürekkep

Tükenmez kalem nasıl bu denli pürüzsüz yazar?

Her tükenmez kalemin ucunda küçük metal bir bilye (yukarıda) vardır. Siz yazdıkça bilye yuvarlanır ve bu sırada kâğıt üzerine hızlı kuruyan mürekkep akıntısı bırakır. Tükenmez kalemin bu denli pürüzsüz yazmasını sağlayan şey budur.

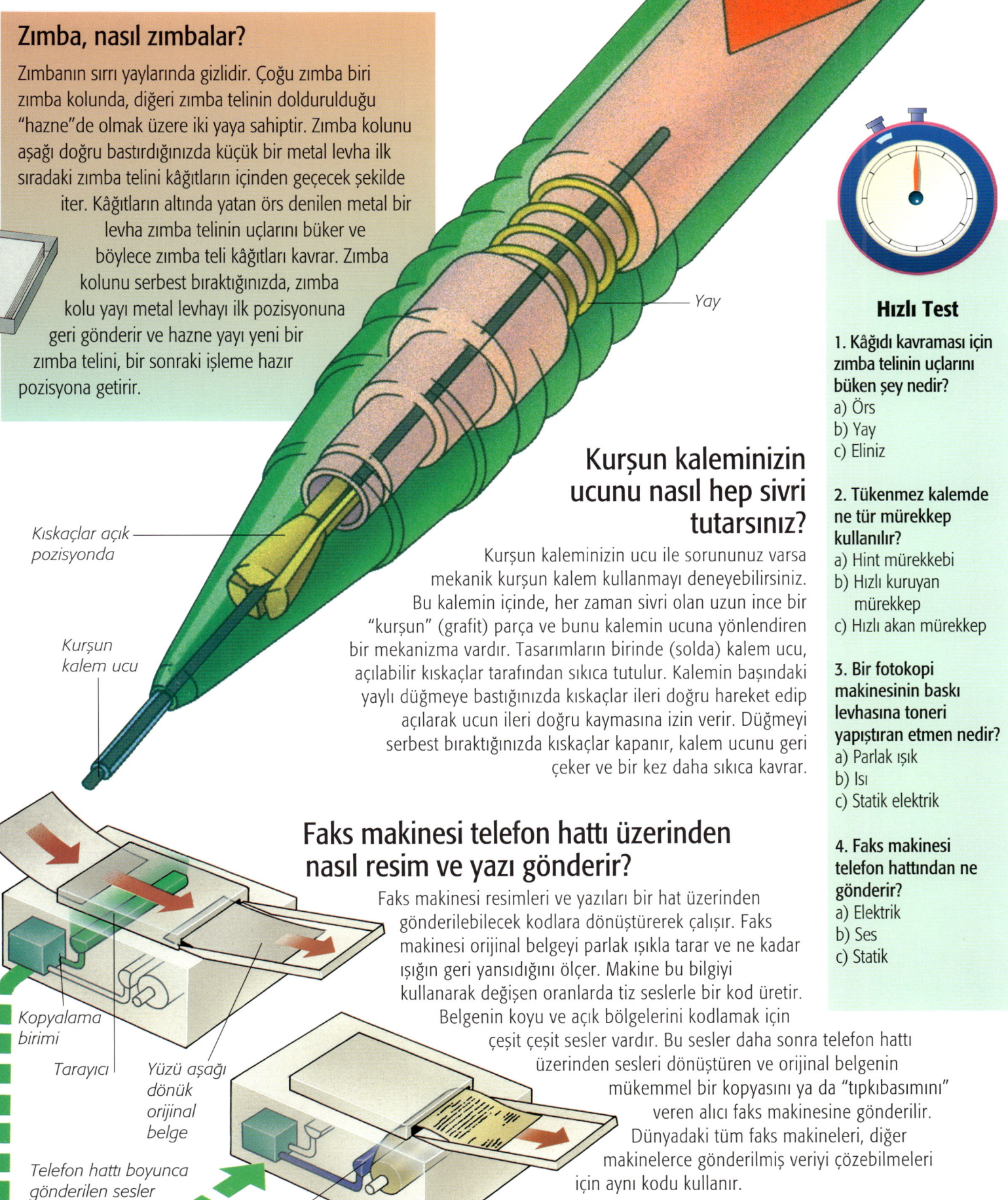

Zımba, nasıl zımbalar?

Zımbanın sırrı yaylarında gizlidir. Çoğu zımba biri zımba kolunda, diğeri zımba telinin doldurulduğu "hazne"de olmak üzere iki yaya sahiptir. Zımba kolunu aşağı doğru bastırdığınızda küçük bir metal levha ilk sıradaki zımba telini kâğıtların içinden geçecek şekilde iter. Kâğıtların altında yatan örs denilen metal bir levha zımba telinin uçlarını büker ve böylece zımba teli kâğıtları kavrar. Zımba kolunu serbest bıraktığınızda, zımba kolu yayı metal levhayı ilk pozisyonuna geri gönderir ve hazne yayı yeni bir zımba telini, bir sonraki işleme hazır pozisyona getirir.

Yay

Kıskaçlar açık pozisyonda

Kurşun kalem ucu

Kurşun kaleminizin ucunu nasıl hep sivri tutarsınız?

Kurşun kaleminizin ucu ile sorununuz varsa mekanik kurşun kalem kullanmayı deneyebilirsiniz. Bu kalemin içinde, her zaman sivri olan uzun ince bir "kurşun" (grafit) parça ve bunu kalemin ucuna yönlendiren bir mekanizma vardır. Tasarımların birinde (solda) kalem ucu, açılabilir kıskaçlar tarafından sıkıca tutulur. Kalemin başındaki yaylı düğmeye bastığınızda kıskaçlar ileri doğru hareket edip açılarak ucun ileri doğru kaymasına izin verir. Düğmeyi serbest bıraktığınızda kıskaçlar kapanır, kalem ucunu geri çeker ve bir kez daha sıkıca kavrar.

Faks makinesi telefon hattı üzerinden nasıl resim ve yazı gönderir?

Faks makinesi resimleri ve yazıları bir hat üzerinden gönderilebilecek kodlara dönüştürerek çalışır. Faks makinesi orijinal belgeyi parlak ışıkla tarar ve ne kadar ışığın geri yansıdığını ölçer. Makine bu bilgiyi kullanarak değişen oranlarda tiz seslerle bir kod üretir. Belgenin koyu ve açık bölgelerini kodlamak için çeşit çeşit sesler vardır. Bu sesler daha sonra telefon hattı üzerinden sesleri dönüştüren ve orijinal belgenin mükemmel bir kopyasını ya da "tıpkıbasımını" veren alıcı faks makinesine gönderilir. Dünyadaki tüm faks makineleri, diğer makinelerce gönderilmiş veriyi çözebilmeleri için aynı kodu kullanır.

Kopyalama birimi
Tarayıcı
Yüzü aşağı dönük orijinal belge
Telefon hattı boyunca gönderilen sesler
Yazıcı

Hızlı Test

1. Kâğıdı kavraması için zımba telinin uçlarını büken şey nedir?
a) Örs
b) Yay
c) Eliniz

2. Tükenmez kalemde ne tür mürekkep kullanılır?
a) Hint mürekkebi
b) Hızlı kuruyan mürekkep
c) Hızlı akan mürekkep

3. Bir fotokopi makinesinin baskı levhasına toneri yapıştıran etmen nedir?
a) Parlak ışık
b) Isı
c) Statik elektrik

4. Faks makinesi telefon hattından ne gönderir?
a) Elektrik
b) Ses
c) Statik

Bilgisayar Gücü

Her gün milyonlarca insan oyun oynamak, yazı yazmak, çizim yapmak, hesap yapmak, bilgileri işlemek ve çeşitli işlerini çözebilmek için bilgisayarları kullanıyor. Milyarlarca internet sitesi ve e-posta gibi faydalı özellikleriyle internet, bilgisayarları daha da popüler hale getirdi. Her yıl, bilgisayar üreticileri ürettikleri cihazları daha hızlı ve güçlü hale getiriyor.

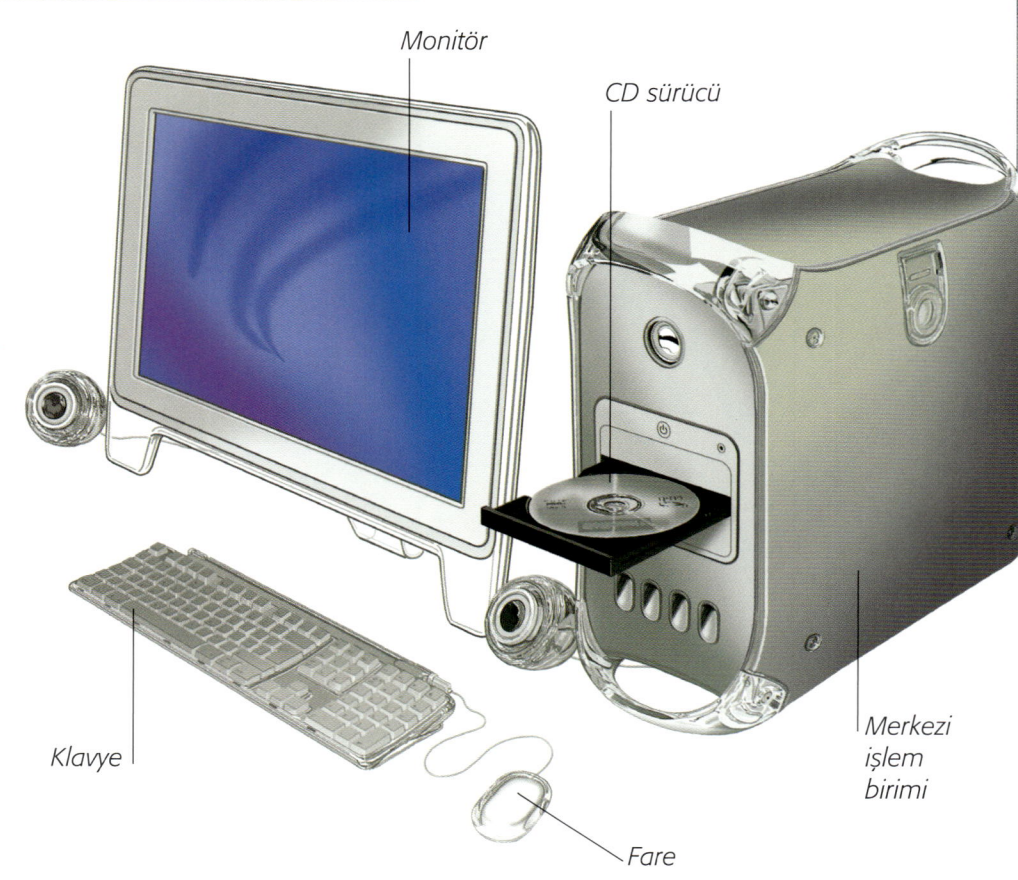

Monitör, CD sürücü, Klavye, Fare, Merkezi işlem birimi, Bilye, Tekerlek

Kaç çeşit bellek vardır?

Bilgisayarlarda iki temel bellek türü vardır. Salt-okunur bellek (ROM), bilgisayarın sürekli ihtiyaç duyduğu veriyi içerir. Bu verinin değiştirilmesi mümkün değildir fakat veri bilgisayar tarafından okunabilir ve bilgisayar kapandığında da varlığını sürdürür. Rastgele-erişimli bellek (RAM), programların yüklenmesini ve çalışmasını sağlayan geçici bellektir. Bu bellek türü bilginin kolaylıkla değiştirilmesine izin verir fakat bilgisayar kapandığında veri ortadan kalkar.

Donanım ve yazılım arasındaki fark nedir?

Donanım çalışma masanızın üzerinde duran bilgisayar parçalarıdır (yukarıda). Donanımı oluşturan şeyler; monitör, merkezi işlem birimi (CPU), CD sürücü, klavye, fare (yukarıda) ve bilgisayara bağlanabilen yazıcı gibi herhangi başka araçlardır. Yazılım; oyun ve grafik işleme programlarından, günlüklere ve veritabanlarına kadar olan her şeydir. Hepsinden önemlisi yazılım işletim sistemidir, diğer bir deyişle bilgisayarın yerine getirdiği tüm muhteşem şeyleri yapmasını sağlayan yönergelerdir.

Bilgisayar faresi ekran üzerinde imleci nasıl hareket ettirir?

Fareyi hareket ettirdiğinizde kauçukla kaplanmış çelik bir bilye çevresinde küçük yarıklar olan bir çift tekeri döndürür. Kızılötesi ışın bu yarıklardan tekerin diğer tarafında bulunan bir optik algılayıcı üzerine vurur. Bu algılayıcı; ışık parlamalarını, bilgisayara, farenin hangi yönde ve ne hızda hareket ettiğini bildiren elektrik sinyallerine dönüştürür.

Arama motorları neden çok faydalıdır?

İnternet üzerinde milyarlarca internet sitesi var ve her gün bunlara yenileri ekleniyor. Fakat bir kitaptan farklı olarak internet ağının bir içindekiler sayfası ya da dizini yoktur. Bu nedenle aradığınız şeyi bulmanız güç olabilir. Arama motorları, internet ağı üzerinde bilgiyi bulmaya ve sıralamaya yardımcı olan özel programlardır. Bir konuyu yazarak girdiğinizde arama motorları benzer bilgi içeren tüm sayfaları listeler.

Hızlı Test

1. Mikroişlemci neyin içine gömülüdür?
   a) Silikon
   b) Reçine
   c) Altın

2. Hangi bilgisayar bellek türü kalıcıdır?
   a) ROM
   b) RAM
   c) Hiçbiri

3. Bir yazıcı, kaç farklı renkte mürekkep kullanır?
   a) İki
   b) Dört
   c) Altı

4. Fare, hareketi algılamak için ne kullanır?
   a) Optik algılayıcı
   b) Titreşim algılayıcı
   c) Minyatür video kamera

Resimli baskı nasıl gerçekleşir?

Mürekkep püskürtmeli yazıcılar renkli görüntü elde etmek için renkli mürekkebi kâğıt üzerinde tam olarak doğru yere püskürtür. Yazıcıda yalnızca dört renk mürekkep vardır: sarı, macenta (pembemsi bir kırmızı), camgöbeği (cyan) ve siyah. Renkli yazıcı, bu dört rengi karıştırarak yüzlerce farklı renk üretebilir.

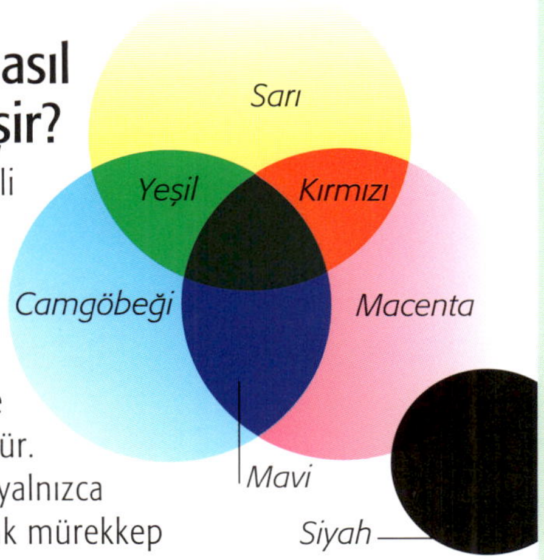

Sarı, *Yeşil*, *Kırmızı*, *Camgöbeği*, *Macenta*, *Mavi*, *Siyah*

Sanal gerçeklik nedir?

Çoğu yeni bilgisayar oyunu, sizi gerçeğe çok benzeyen ancak sanal bir dünyaya taşır. Sanal gerçekliğin bir parçası olmak için ekranı bulunan bir başlık ve sensörler içeren eldivenler gibi özel kıyafetler giyersiniz. Daha sonra, ellerinizi hareket ettirdiğinizde ekran üzerinde görünen sanal karakteriniz sizinle aynı hareketleri yapar.

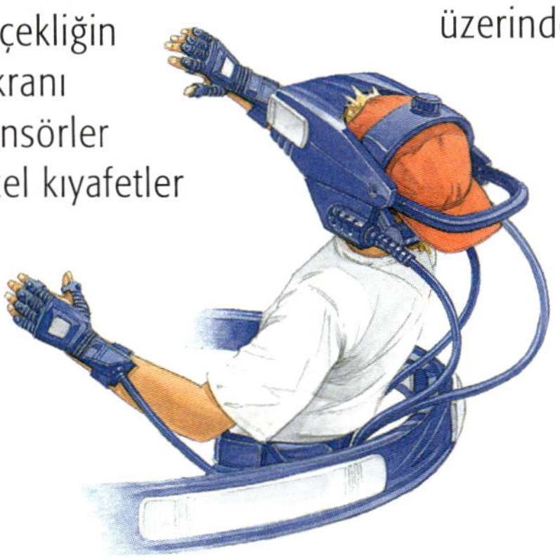

Mikroişlemci nedir?

Mikroişlemci kişisel bilgisayarlarda, cep telefonlarında ve çamaşır makinelerinde kullanılan elektronik beyindir. Mikroişlemci, üzerine binlerce mikroskobik elektronik bileşen yerleştirilmiş bir dizi küçük silikon çip içerir. Çipler üzerinde, işlemcinin kontrol ettiği cihazla bağlantısını kuran parçalar reçine ya da plastik bir gövdenin içine gömülüdür. Bir mikroişlemcinin (sağda), yerleşimi ya da yapısı değişebilir ancak saniyede bir milyondan fazla yönerge işleyen ve neredeyse ışık hızında işlem yapan çipler bile büyük oranda aynı biçimde çalışırlar.

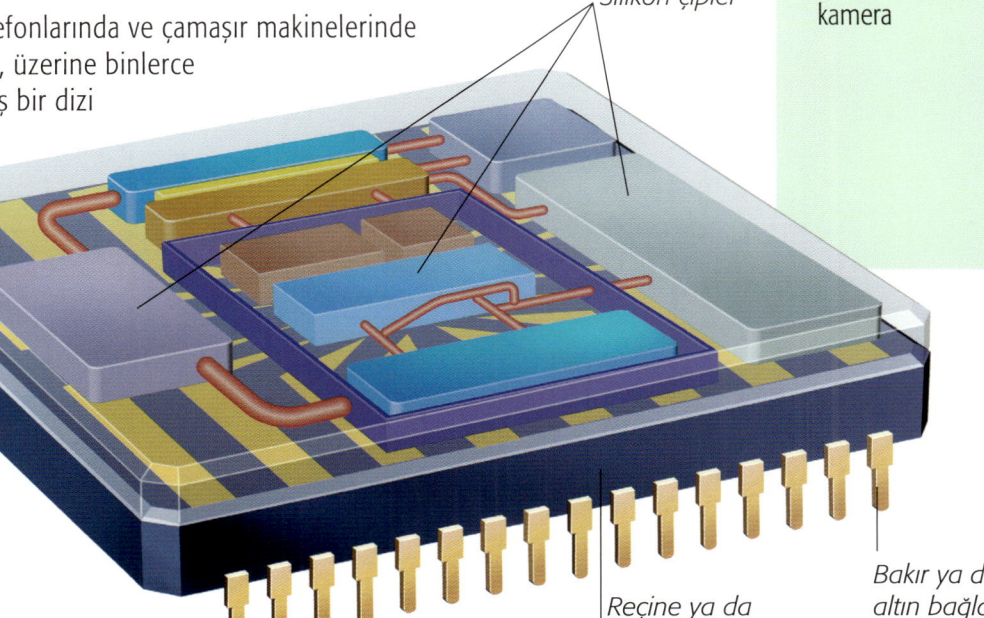

Silikon çipler
Reçine ya da plastik gövde
Bakır ya da altın bağlantı parçaları

Dalga Yayma

Günümüzde haberleşmenin pek çok yolu var. 100 yıldan uzun bir süre boyunca telefon ve radyo yaygın biçimde kullanılmış olsa da bugün insanları birbirine bağlamanın en popüler yolu cep telefonlarıdır. Bu telefonlar, dünyanın hemen hemen her yerinden insanları görüştürmek için radyo dalgalarını kullanır. Çoğu cep telefonu aynı zamanda internete de bağlanabilir.

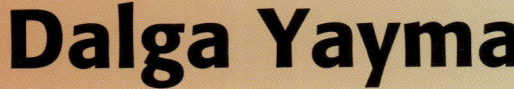

Navigasyon uydusu Dünya'ya radyo sinyali gönderir

Radyo vericisi

Radyo dalgaları nedir?

Radyo dalgaları, havada hareket eden görünmez sinyallerdir. Bu dalgalar, elektromanyetik dalgalar olarak isimlendirilen enerji dalgalarındandır. Diğer elektromanyetik dalgalara örnek olarak röntgen ışınları, mikrodalgalar ve görünür ışık ışınları verilebilir. Radyo dalgaları, televizyon yayınından cep telefonu aramalarının iletimine kadar her türlü alanda kullanılmaktadır. Canlı yayın araçları (aşağıda) radyo dalgalarını kullanarak acil durum ve haberlerde canlı yayın yapılabilmesini sağlar.

Cep telefonuyla nasıl iletişim kurulur?

Cep telefonları, telsizlerden farklı olarak sinyallerini bir telefondan diğerine doğrudan iletmezler. Bunun yerine, ülkeler her birinde verici olan küçük küçük bölgelere yani "hücre"lere ayrılır. Bir arama yaptığınızda, bu arama en yakın verici tarafından alınır. Sinyal daha sonra güçlendirilir ve arama yaptığınız telefonun bulunduğu bölgede yeniden yayımlanır.

Cep telefonları kelimeleri nasıl depolar?

Metin iletileri, tıpkı sesli aramada olduğu gibi bir telefondan diğerine radyo dalgaları kullanılarak aktarılır. Bir ileti alındığında telefon, kelimeleri bilgisayarda olduğu gibi bir bellek çipi üzerine dijital olarak depolar. Cep telefonu mesajın iletildiğini gösterecek bir uyarı verir. İletinin gönderildiği tarih ve zaman da hafızaya kaydedilir.

Hava taşıtları, uydu ve verici sinyallerini kesin konumlarını belirlemede kullanır

Şamandıralar üzerindeki radar yansıtıcılar tehlikelere karşı uyarır

Gemi üzerindeki bilgisayarlar alınan tüm sinyalleri gemiyi yönlendirmede kullanır

Radyo dalgaları gemilerin ve hava taşıtlarının yol bulmasına nasıl yardımcı olur?

Gemiler ve hava taşıtları, radyo sinyal vericileri ve navigasyon uydularından oluşan karmaşık bir ağ sayesinde dünya üzerinde herhangi bir noktadaki konumlarını 100 metrelik bir daire içinde kesin olarak belirleyebilirler. Sinyal vericileri ve uydular, bir uçağın ya da geminin radyo alıcısı tarafından saptanabilen sinyaller yayar. Her sinyal nispeten farklıdır. Bu nedenle tanımlanabilir. İki sinyal alındığında, geminin ya da uçağın kesin konumunu matematik hesaplamalarıyla belirlemek mümkündür.

Telefon, sesinizi kablolarla nasıl iletir?

Telefon ahizesinde ağızlığın içinde küçük bir karbon mikrofon bulunur. Konuştuğunuzda, sesiniz metal bir diyaframı titreştirerek mikrofon içindeki karbon granülleri sıkıştırarak bunların elektriksel dirençlerini değiştirir. Telefon hattından iletilen şey elektrik akımındaki bu değişimlerdir. Hattın diğer ucunda değişen bu akımlar, telefonun küçük bir hoparlör içeren kulaklığına aktarılır. Burada akım, bir elektromıknatısın diğer bir diyaframı titreştirmesine yol açar ve sinyali tekrar arayan kişinin sesine dönüştürür.

Hızlı Test

1. Telefon ahizesindeki ağızlığın içinde ne bulunur?
a) Hoparlör
b) Mikrofon
c) Radyo alıcısı

2. Radyo dalgaları ne tür dalgalardır?
a) Elektromanyetik dalgalar
b) Elektrik dalgalar
c) Mikrodalgalar

3. Cep telefonu sistemi ülkeyi neye böler?
a) Küplere
b) Dalgalara
c) Hücrelere

4. Metin iletileri cep telefonuna ne şekilde kaydedilir?
a) Bellek çipi üzerine dijital olarak
b) Sesli iletiyle aynı şekilde
c) Özel bir bilgisayar diliyle

Transistörler neden bu kadar önemli?

Transistörler, bir elektrik akımını büyüten yani yükselten elektronik aygıtlardır. Radyolarda, televizyonlarda, bilgisayarlarda ve hatta uydularda yaygın olarak kullanılırlar. Transistörler icat edilmeden önce tüpler kullanılırdı. Fakat, transistörlerin üretimi kolaydır; küçük ve uzun ömürlüdürler. Transistörler, bir zamanlar tek tek üretilirdi ve boyutları bir bezelye kadardı. Günümüzde diğer elemanlarla birlikte mini bütünleşik devrelerin yani "mikroçip"lerin bir parçası olarak binlercesinin kullanıldığı mikroskobik boyutlarda bulunabilmektedir.

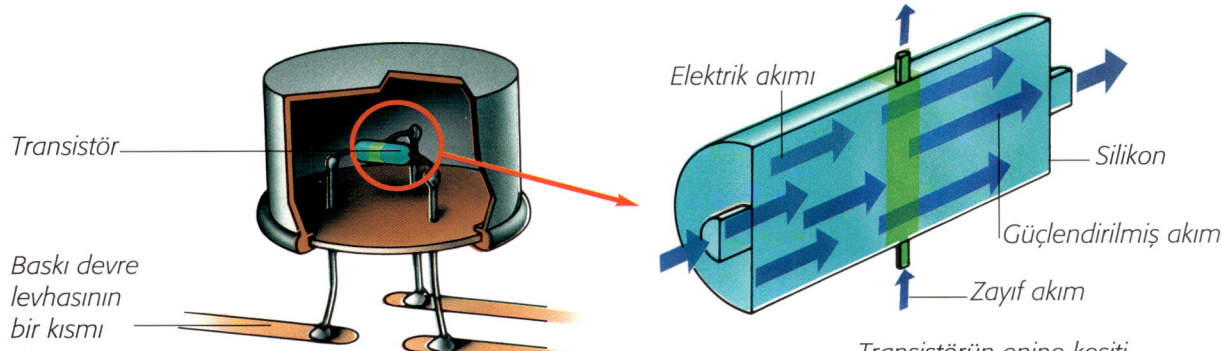

Transistör

Baskı devre levhasının bir kısmı

Elektrik akımı

Silikon

Güçlendirilmiş akım

Zayıf akım

Transistörün enine kesiti

Ses ve Görüntü

Evlerimiz, bizi eğlendirmek üzere tasarlanmış teknolojik aletlerle tıka basa dolu: televizyonlar, DVD'ler, CD'ler ve MP3'ler. Bu teknolojilerden bazıları güncel ve neredeyse her gün gelişen türden yenilikler. Bununla birlikte, izlediğimiz filmlerden bazıları 19. yüzyılın sonunda geliştirilen film teknolojisiyle üretildi ve bunun yerini ancak şimdi yeni dijital kayıt teknolojisi alıyor.

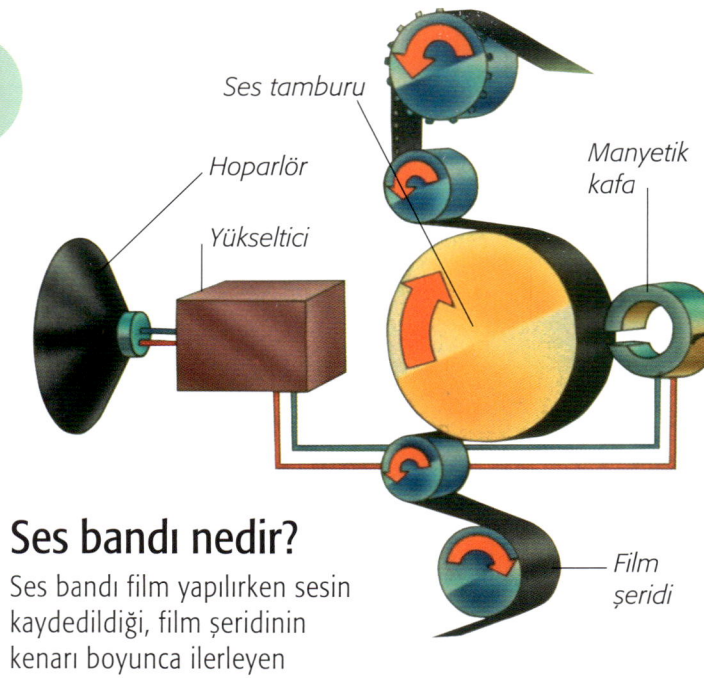

Ses bandı nedir?

Ses bandı film yapılırken sesin kaydedildiği, film şeridinin kenarı boyunca ilerleyen bölgedir. Ses, filmin üzerine iki biçimde kaydedilebilir: projektörün ışığa duyarlı hücreleri kullanarak çözebileceği çizgi deseni biçiminde ya da manyetik bant üzerine, tıpkı kasetçalarda olduğu gibi manyetik kafanın okuyacağı biçimde. Film yapımcıları, sesi doğrudan filmin üzerine kaydederek ses ve görüntüyü mükemmel bir biçimde eş zamanlı hale getirirler.

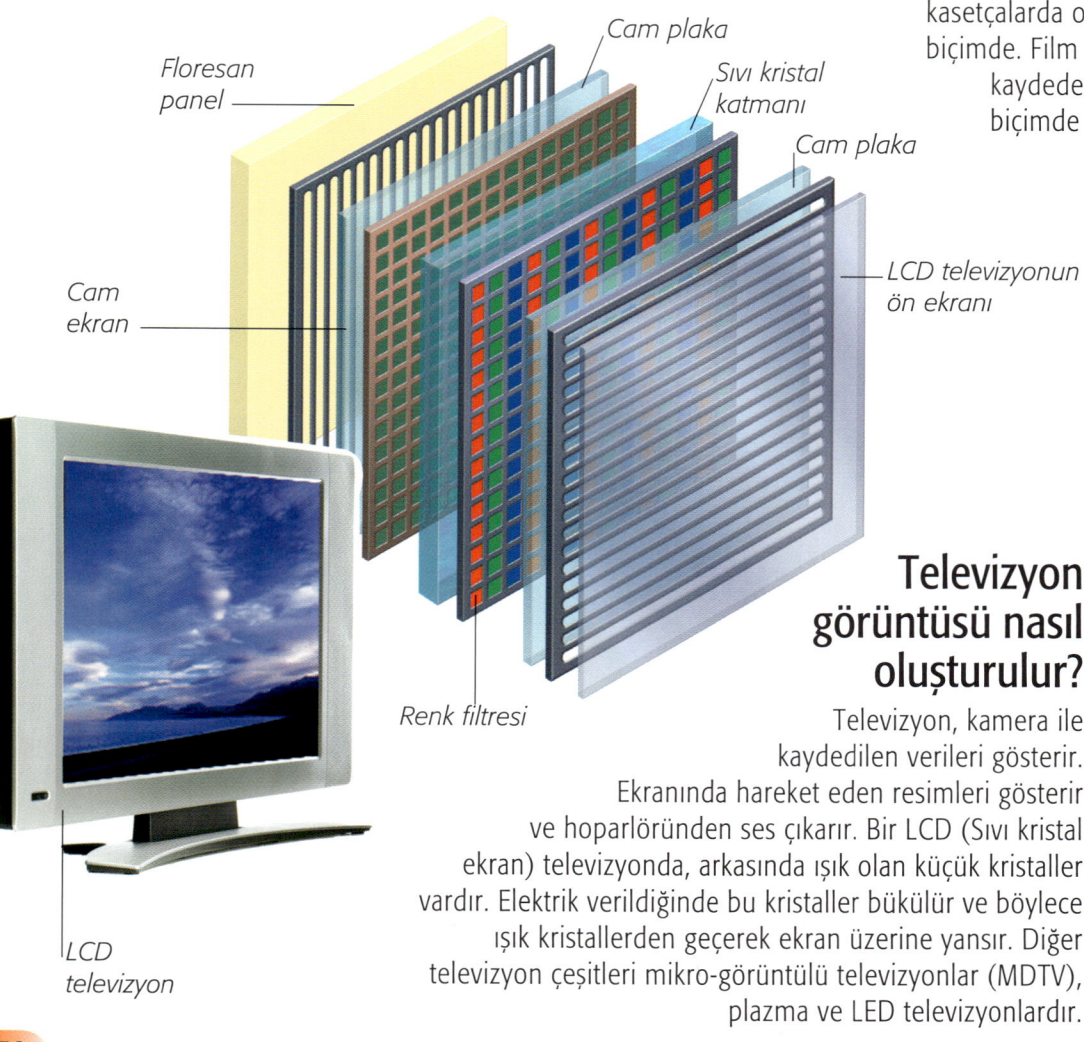

Televizyon görüntüsü nasıl oluşturulur?

Televizyon, kamera ile kaydedilen verileri gösterir. Ekranında hareket eden resimleri gösterir ve hoparlöründen ses çıkarır. Bir LCD (Sıvı kristal ekran) televizyonda, arkasında ışık olan küçük kristaller vardır. Elektrik verildiğinde bu kristaller bükülür ve böylece ışık kristallerden geçerek ekran üzerine yansır. Diğer televizyon çeşitleri mikro-görüntülü televizyonlar (MDTV), plazma ve LED televizyonlardır.

MP3 çalarlar bu kadar çok müziği nasıl saklayabiliyor?

MP3 çalarlar, müziği tıpkı bilgisayarlar gibi bellek çiplerinin üzerinde depolar. Son geliştirilen çipler büyük miktarda bilgiyi hiç olmadığı kadar ucuz bir şekilde depolayabilmektedir. Yalnız MP3 çalarların bu kadar çok müziği depolayabilmesinin temel nedeni aslında yazılımıyla ilgili. Bir şarkıyı MP3 dosyasına dönüştürdüğünüzde yazılım, bitleri çıkararak yani şarkıyı "sıkıştırarak" dosyayı çok daha küçük hale getirir. Ses kalitesi bir miktar düşse de MP3 çalarlar ile saatlerce müzik dinlenebilir ve MP3 dosyaları internet üzerinden kolaylıkla elektronik posta şeklinde gönderilebilir.

Filmler nasıl hareket eder?

Bir sinema filmi, her biri bir öncekinden milisaniyeler sonra çekilmiş farklı resimlerden oluşan bir şeritten ibarettir. O halde, hareket eden bir obje filme alındığında (sağda kamyon örneği resimlenmiştir), bu objenin hareketi yüzlerce durağan resmin bir sıralı dizisinde yansıtılır. Dizideki her bir kare kendinden önce ve sonra gelen karelerden küçük farklarla ayrılır. Film bir projektör ile yürütüldüğünde, bu resimlerin her biri dizi halinde bulanıklaşarak kamyonun hareket eden akıcı bir görüntüsünün oluşmasına yardım eder. Son yıllarda sinema yapımcıları film çekimlerini, film şeridi kullanmayan dijital kameralar üzerine kaydetmeye başlamıştır.

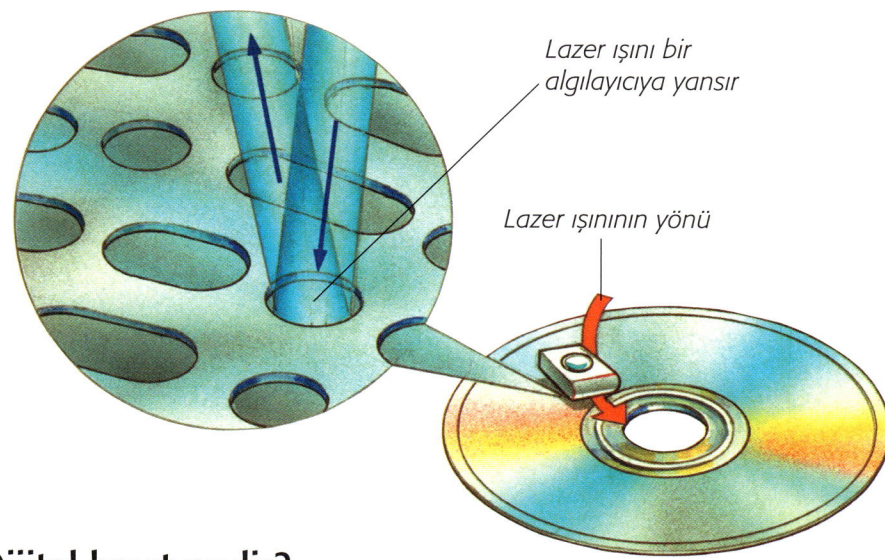

Lazer ışını bir algılayıcıya yansır

Lazer ışınının yönü

Dijital kayıt nedir?

Dijital kayıtta, resimler ve sesler değiştirilerek dijital kodlara dönüştürülür. Dijital kod, sadece rakamlardan; "1" ve "0" lardan oluşan bir koddur ve bilgisayar tarafından okunabilir. Bu türdeki kod, bir CD'nin ya da DVD'nin yüzeyine işlenebilir, manyetik formda DAT (Dijital ses bandı) kaydı yapılabilir ya da internetten bir dosya olarak indirilebilir. Her durumda, dijital işlem, sesin kalitesini kaybetmeden kopyalanmasını sağlayan kayıtları oluşturur.

Televizyondaki görüntüleri nasıl kaydedersiniz?

Yakın zamana kadar, televizyon yayını tarafından üretilen sinyalleri manyetik bir bant üzerine kaydetmek için video kayıt cihazları kullanılırdı. Artık görüntüler, çoğu zaman ya dijital kayıt cihazının (DVR) veya bilgisayarın sabit sürücüsüne ya da dijital dosya formatında taşınabilir disk üzerine kaydedilmektedir. Bu kayıtların kalitesi video kasetin kalitesinden daha iyidir, disklerin hacmi daha küçüktür ve kaydın herhangi bir noktasına uzun bir bandı sarma ihtiyacı olmadan hızlıca erişilebilmektedir.

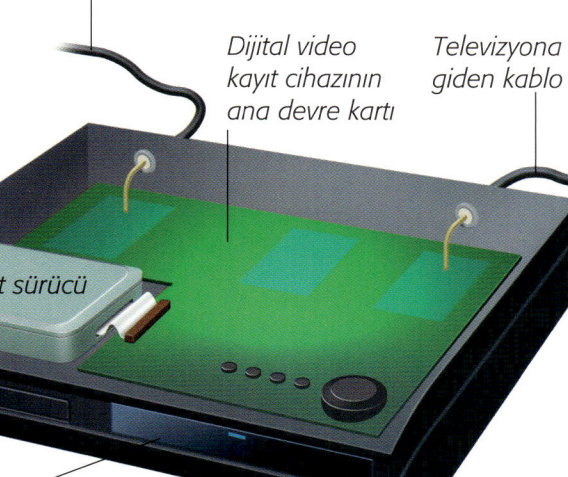

Televizyon antenine giden kablo

Dijital video kayıt cihazının ana devre kartı

Televizyona giden kablo

Sabit sürücü

Gösterge paneli

Hızlı Test

1. Bir filmin ses bandı nasıl kaydedilir?
a) Film şeridinin ortasında
b) Film şeridinin kenarında
c) Ayrı bir film şeridi üzerinde

2. Bir LCD televizyonundaki kristaller nasıl görüntü oluşturur?
a) Bükülerek
b) Büyüyerek
c) Renk değiştirerek

3. Bir MP3 çalar ne şekilde müzik depolar?
a) Bir manyetik bant üzerine
b) Bir kompakt disk üzerine
c) Bellek çipleri üzerine

4. Dijital kodlarda hangi sayılar kullanılır?
a) "2" ler ve "3" ler
b) "0" lar ve "1" ler
c) "6" lar ve "7" ler

Kadrajın İçinde

Günümüzde neredeyse herkes fotoğraf çekiyor. Fotoğrafçılık herhangi bir biçimde kullanılabilir: anlık tatil fotoğrafları, arkadaşların portre fotoğrafları, iş ve okuldaki projeler için resimler. Artık fotoğraf makinesi kullanımı hiç olmadığı kadar basit. Çoğu zaman tüm yapmanız gereken objektifi doğrultmak ve deklanşöre basmak. Dijital kameralar, baskı almanız için fotoğrafları bilgisayarınıza gönderebiliyor.

"Apertür" nedir?

"Apertür" kelimesi, basitçe söylemek gerekirse "açıklık" anlamına gelir. Apertür, bir fotoğraf makinesinde, ışığın içinden geçerek film şeridi üzerine düştüğü deliktir (solda). Bir fotoğraf makinesinin apertürü ile ilgili zekice olan şey, çoğu zaman elle ya da otomatik olarak ayarlanabilir olmasıdır. Zayıf ışıkta, film şeridi üzerine daha fazla ışığın düşmesi için apertür daha geniş hale getirilebilir, aynı biçimde bu açıklık parlak ışıkta da küçültülebilir.

Film şeridi üzerinde fotoğraflar nasıl görünür?

Fotoğraf filmi, ışığa duyarlı kimyasallar ile kaplanmıştır. Renkli filmin kırmızıya, yeşile ve maviye duyarlı üç tabakası vardır. Fotoğraf çektiğinizde, bu katmanlarda kimyasal değişimler gerçekleşir ve film banyo edildiğinde farklı renklerdeki boyalar bir "negatif" oluşturmak üzere katmanlara farklı oranlarda yapışır. Işık, negatifin içinden geçerek, aynı biçimde üç katmanlı kâğıt üzerinde "pozitif" bir baskı oluşturmak için kullanılır.

— Negatif
— Baskı

Şipşak fotoğraf makinesi nasıl çalışır?

Bir şipşak fotoğraf makinesi ya da "Polaroid" fotoğraf makinesi, yalnız ışığa duyarlı kimyasalları değil, aynı zamanda banyo kimyasallarını da içeren film kullanır. Siz fotoğrafı çektikten sonra, fotoğraf makinesi, film şeridini bir çift silindir arasından dışarı atar. Bu silindirler filmi sıkarak banyo kimyasallarını serbest bırakır, bu şekilde henüz çekmiş olduğunuz fotoğraf yavaş yavaş gözünüzün önünde belirir.

Otomatik odaklı bir fotoğraf makinesi objektifi nasıl kendi başına odaklar?

Net bir fotoğraf çekmek için fotoğraf makinesi, nesnenin görüntüsünü film üzerine odaklayacak şekilde objektifini ayarlamalıdır. Fakat bunu yapmadan önce nesnenin ne kadar uzak olduğunu hesaplaması gerekir. Otomatik odaklı fotoğraf makineleri, nesnenin üzerine kızılaltı ışın göndererek ve bu ışınların geri yansıması için geçen süreyi hesaplayarak bu işi yaparlar. Makine, nesnenin uzaklığını hesapladıktan sonra, objektifi içeri ve dışarı hareket ettirmek için mini elektrik motorlarını kullanır ve fotoğrafın nasıl çekileceğini ayarlayabilir.

"SLR" nedir?

"SLR" (Tek mercek yansımalı) fotoğraf makinesi, fotoğrafı çekilecek görüntüye, makinenin fotoğraf çekmek için kullandığı mercekten bakmanızı sağlar. Bunun için bu makinelerde prizma ve ayna kullanılır. Bu nedenle, kompakt ya da "vizörlü" bir kameradan farklı olarak bir SLR makine, tam olarak film üzerinde belirecek olan görüntüyü görmenize izin verir. Bir SLR makine ile görüntüyü büyüten telefoto objektifler gibi farklı objektifler kullanmanız da mümkündür.

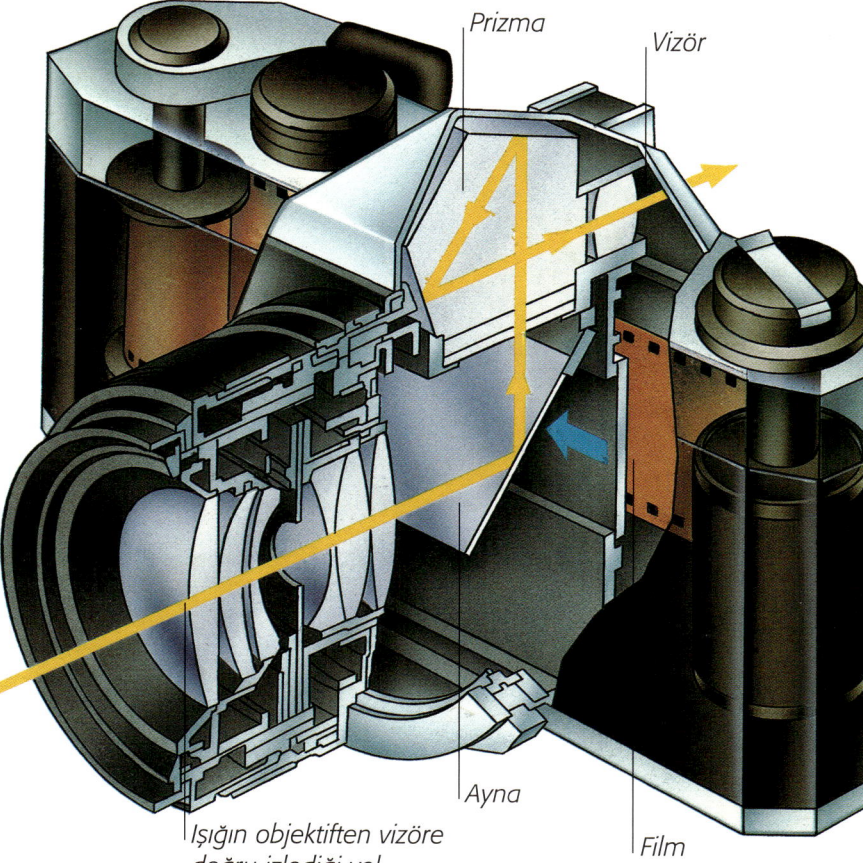

Prizma
Vizör
Ayna
Film
Işığın objektiften vizöre doğru izlediği yol

Bir fotoğraf makinesinin perdesi nasıl bu kadar hızlı açılır?

Bir fotoğraf makinesin perdesi, ışığın filme ulaşması için açılan ve kapatılan bir perdeye benzer. Parlak ışıkta perde, saniyenin binde biri kadar bir süre için açık kalabilir. Bu denli hızlı açılıp kapanmak için çoğu perde, panjur tipi iki perde kullanır. Fotoğraf çektiğinizde, ilk panjur açılarak filmi ışığa maruz bırakır. Neredeyse aynı anda ikinci panjur kapanır. Böylece film, iki panjur arasındaki aralıkta yalnızca çok kısa bir süreliğine ışığa maruz kalmış olur.

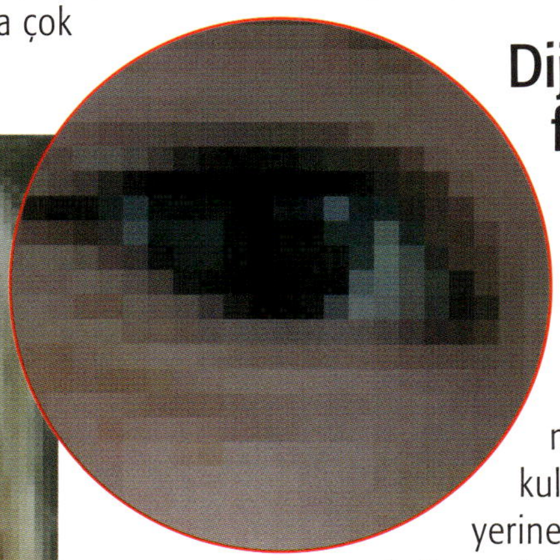

Dijital fotoğrafçılık neden bu denli yaygın hale geldi?

Dijital fotoğraf makinesi film kullanmaz. Bunun yerine, dijital bir kod kullanarak fotoğrafları piksel olarak adlandırılan küçük ışık blokları (solda) biçiminde kaydeder. Bunun birçok avantajı vardır. Fotoğrafınızı basmak için banyo etmeniz gerekmez. Sadece fotoğraf makinesini bilgisayarınıza bağlarsınız, fotoğrafları sabit disk üzerine kaydedersiniz ve çıktılarını kendiniz alırsınız. Fotoğraf üzerinde büyütmeler dahi yapabilir ya da özel bilgisayar yazılımları kullanarak fotoğrafları iyileştirebilir, istenmeyen detayları kesip atabilir veya renkleri daha gerçekçi ya da tercihinize göre daha gerçek dışı yapabilirsiniz. Ayrıca fotoğraflarınız dijital olduğundan, onları arkadaşlarınıza elektronik posta olarak gönderebilir ya da internet üzerinde yayımlayabilirsiniz.

Hızlı Test

1. Parlak ışıkta fotoğraf makinesinin apertürü ne şekilde ayarlanır?
   a) Daha açık hale getirilir
   b) Daha küçük hale getirilir
   c) Tamamen kapatılır

2. Renkli filmde kaç tabaka vardır?
   a) İki
   b) Üç
   c) Dört

3. Şipşak kamerada silindirler hangi kimyasalları serbest bırakır?
   a) Işığa duyarlı kimyasalları
   b) Koruyucu kimyasalları
   c) Banyo edici kimyasalları

4. Otomatik odaklı bir fotoğraf makinesi hangi ışınları kullanır?
   a) Görünür ışınları
   b) Röntgen ışınları
   c) Kızılaltı ışınları

Işık, Mercekler ve Lazerler

Görebiliyoruz, çünkü gözlerimiz bir cisimden diğerine yol alan ışık ışınlarını algılayabiliyor. Bu ışınlar, genellikle düz bir çizgi halinde yol alırlar fakat bir merceğin içinden geçtikleri zaman kırılırlar ve oluşturdukları görüntü, nesnelerden farklı boyda ve biçimde olur. Büyüteçlerden mikroskoplara, mercek içeren bütün araçların çalışma prensibi ışığın kırılmasına dayanır.

Elektron mikroskobu nedir?

Bir elektron mikroskobu (aşağıda) görüntüyü 200.000 kat büyütebilir. Elektron mikroskobu ışık yerine elektron denilen parçacıklardan oluşan bir demet kullanır. Elektronlar yüksek hızlarda fırlatılarak numuneden geçirilir ve mıknatıslarla odaklanır. Büyütülen görüntü daha sonra floresan bir ekran üzerinde oluşturulur.

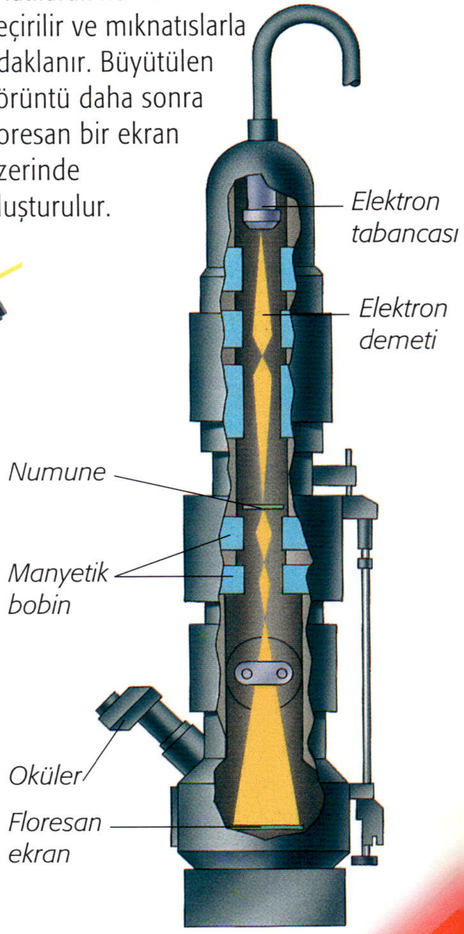

Mikroskop nasıl büyütür?

Mikroskobun iki takım merceği vardır. Mikroskop tüpünün altında objektif mercekleri, yukarısında da göz mercekleri (oküler) yer alır. Nesne tablasından gelen ışık ışınları, önce görüntüyü büyüten objektif merceğine doğru yol alır. Görüntü, daha sonra, kendisini daha da büyüten göz merceğinin içinden geçer. Çoğu mikroskopta çok sayıda objektif mercek bulunur. Böylece farklı büyütme oranları için kullanılabilirler.

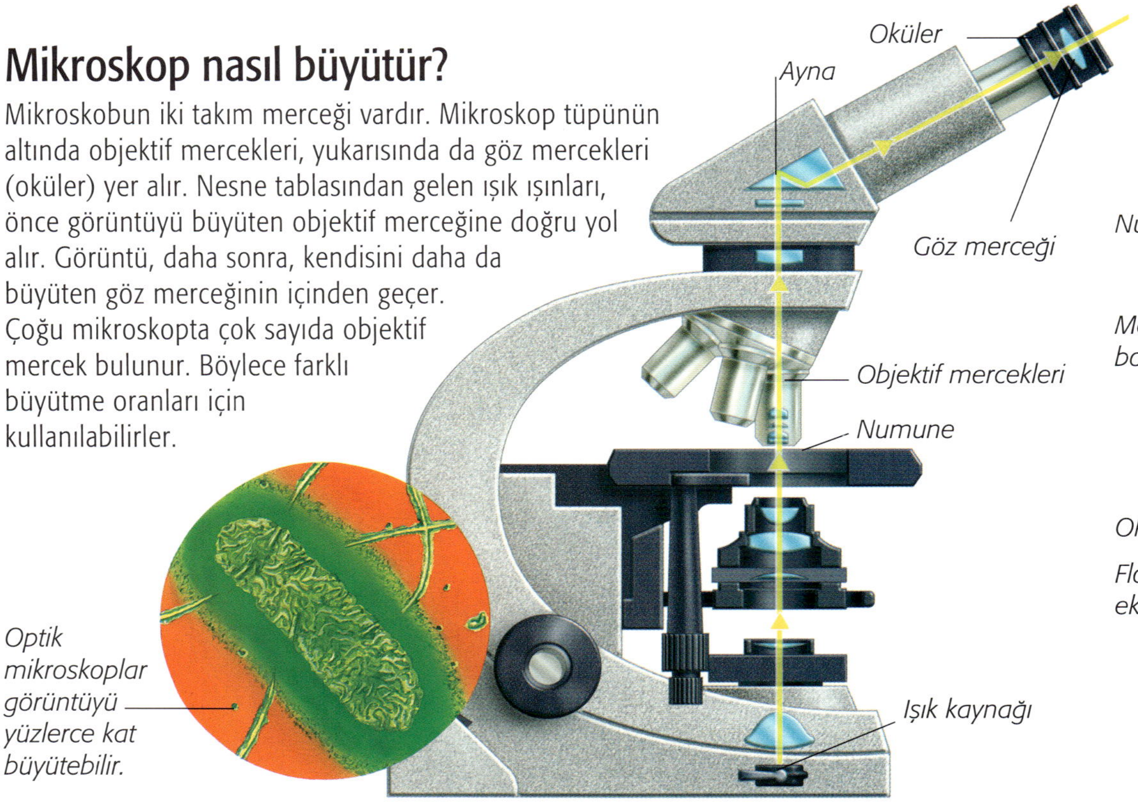

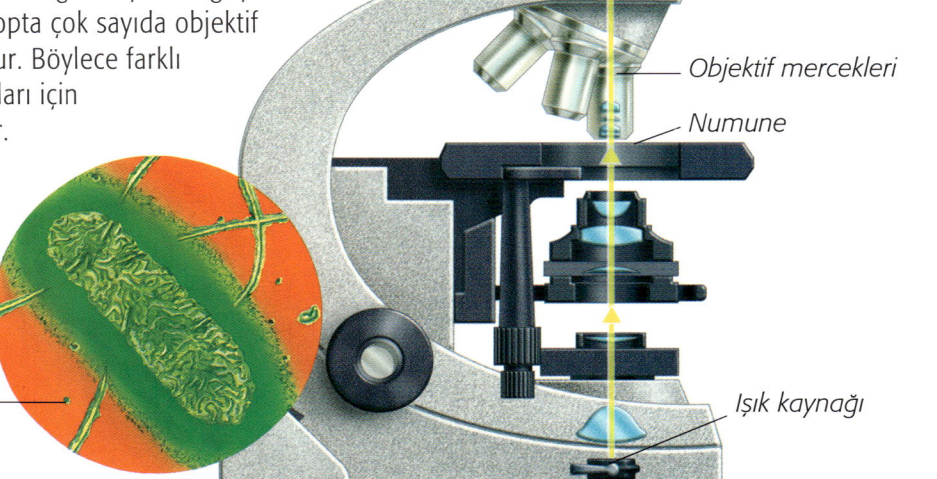

Optik mikroskoplar görüntüyü yüzlerce kat büyütebilir.

Mercekler görmeye yardım eder mi?

Gözlerinizin her biri, gözün arka kısmında yer alan ışığa duyarlı hücreler üzerinde görüntüyü odaklamak için ışığı büken bir mercek kullanır. Miyop ya da hipermetrop iseniz, göz mercekleriniz ışığı net bir görüntü oluşturmak için yeterince bükemiyordur. Gözlükler ya da kontakt lensler, ışığı göze girmeden bükerek göz merceklerinin görevini kısmen yerine getirir ve göz merceklerinin net bir görüntü oluşturmasına yardım eder.

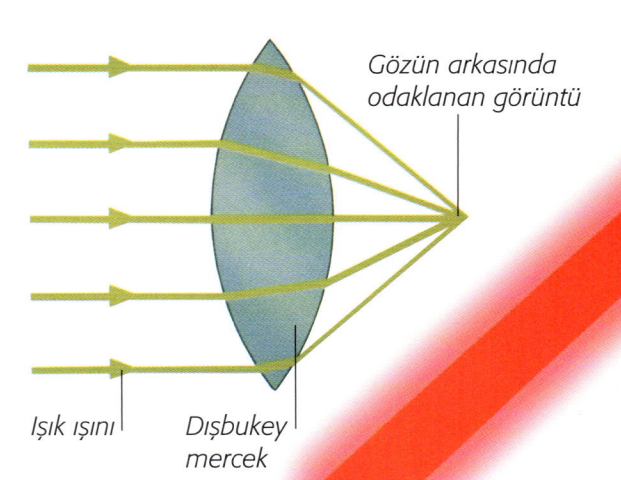

Lazer nasıl çalışır?

Lazerler, yoğun şekilde odaklanmış ışık demeti üretir. Lazerin belirli bir çeşidinde, çok parlak floresan ışığın sentetik yakuttan üretilmiş bir çubuğun üzerinde ışıması sağlanır. Bu ışıma, atomları uyararak ışık parıltıları yayılmasına yol açar. Bu parıltılar, tümünün dalga boyu aynı olana kadar lazerin aynalı uçları arasında gidip gelir. Daha sonra da aynaların birinde yer alan delikten tek bir lazer ışını olarak (aşağıda) çıkarlar.

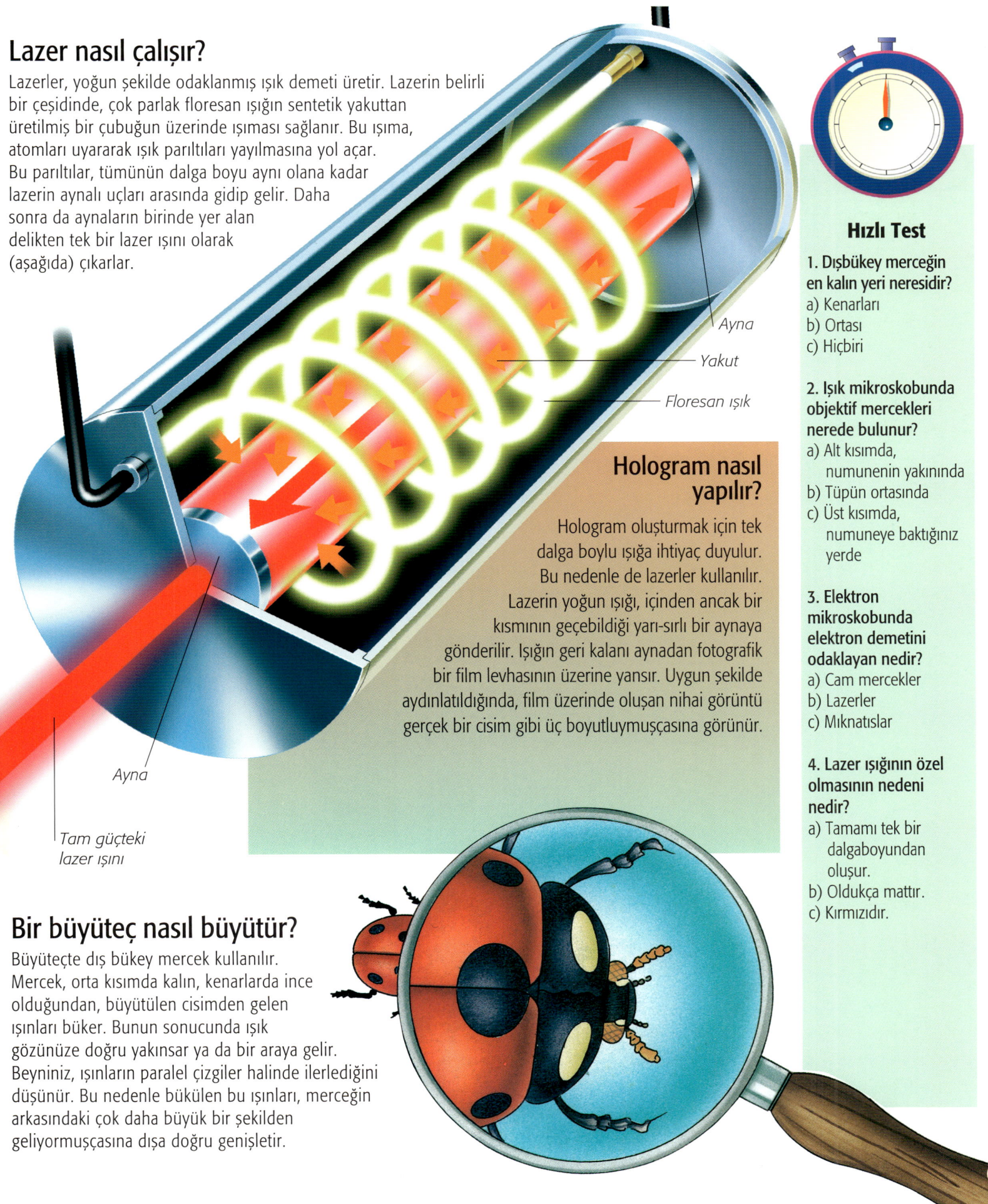

Ayna
Yakut
Floresan ışık
Ayna
Tam güçteki lazer ışını

Hologram nasıl yapılır?

Hologram oluşturmak için tek dalga boylu ışığa ihtiyaç duyulur. Bu nedenle de lazerler kullanılır. Lazerin yoğun ışığı, içinden ancak bir kısmının geçebildiği yarı-sırlı bir aynaya gönderilir. Işığın geri kalanı aynadan fotoğrafik bir film levhasının üzerine yansır. Uygun şekilde aydınlatıldığında, film üzerinde oluşan nihai görüntü gerçek bir cisim gibi üç boyutluymuşçasına görünür.

Bir büyüteç nasıl büyütür?

Büyüteçte dış bükey mercek kullanılır. Mercek, orta kısımda kalın, kenarlarda ince olduğundan, büyütülen cisimden gelen ışınları büker. Bunun sonucunda ışık gözünüze doğru yakınsar ya da bir araya gelir. Beyniniz, ışınların paralel çizgiler halinde ilerlediğini düşünür. Bu nedenle bükülen bu ışınları, merceğin arkasındaki çok daha büyük bir şekilden geliyormuşçasına dışa doğru genişletir.

Hızlı Test

1. Dışbükey merceğin en kalın yeri neresidir?
   a) Kenarları
   b) Ortası
   c) Hiçbiri

2. Işık mikroskobunda objektif mercekleri nerede bulunur?
   a) Alt kısımda, numunenin yakınında
   b) Tüpün ortasında
   c) Üst kısımda, numuneye baktığınız yerde

3. Elektron mikroskobunda elektron demetini odaklayan nedir?
   a) Cam mercekler
   b) Lazerler
   c) Mıknatıslar

4. Lazer ışığının özel olmasının nedeni nedir?
   a) Tamamı tek bir dalgaboyundan oluşur.
   b) Oldukça mattır.
   c) Kırmızıdır.

35

Ölçüm Yapan Makineler

Zaman, mesafe, ağırlık, hava basıncı, sıcaklık: Tüm bunlar ölçülebilir ve mucitler ölçüm yapmayı hem hızlı hem de basit hale getiren harikulade makineler tasarlamışlardır. Ayrıca, kuvars saatler gibi buluşlarla bir zamanlar ancak laboratuvar ortamında sağlanabilen hassas ölçümler bugün hepimiz için mümkün hale gelmiştir.

Bir duvar saatini "tik tak" ettiren nedir?

Mekanik saatler, güçlerini ya bir yaydan ya da aşağıya inen bir ağırlıktan alırlar. Bunların ürettiği enerji, eşapman çarkı (sağda) denilen bir çarkı döndürür bu çark dişlilerle saatin kollarına bağlıdır. Bu çarkın hareketi, eşapman denilen bir mekanizma ile düzenlenir. Sarkaç hareket ettikçe, palet adı verilen metal bir dişli çark mandalı, eşapman çarkının her seferinde bir diş ilerlemesine izin verir. Aşina olduğumuz "tik tak" sesini ortaya çıkaran şey palete çarpan dişlerdir.

Ağırlığınızı nasıl ölçersiniz?

Çoğu insan, ağırlığını bir çeşit baskül kullanarak öğrenir. Baskülün üzerine bastığınızda, ağırlığınız güçlü bir yayı aşağı doğru iter. Yay, kendi hareketiyle birlikte dönen bir kola bağlıdır. Kol döndüğünde "kremayer" adında dişli bir çubuğu iter; bu çubuk da "pinyon" denilen küçük bir dişli çarkı döndürür. Pinyon döndüğünde, bu mekanizma ağırlığınızı gösteren ibreyi hareket ettirir.

Rüzgâr hızı nasıl ölçülür?

Rüzgâr hızını ölçen araca anemometre denir. Rüzgâr estiğinde, anemometrenin tepesinde yer alan üç metal kepçe bir şaft üzerinde döner. Dönen şaftın hızı, daha sonra, kilometre bölü saat olarak rüzgâr hızına çevrilir. Hem yolculuk süresi hem de yolculuk güvenliği üzerinde çok önemli bir etkisi olduğundan rüzgâr hızı, pilotlar ve gemiciler için özel bir öneme sahiptir.

Şerit metre olmadan nasıl ölçüm yapılır?

Arazi ölçümü yapan kimseler şerit metre kullanmayı bırakıp televizyon kumandasına benzeyen ve radar gibi çalışan yeni bir buluşu kullanmaya başlamıştır. Bu araç, kızılaltı bir dalga demeti gönderip dalgaların geri gelmesi için gereken süreyi hesaplayarak saniyeler içinde aradaki mesafenin bir çıktısını verir. Oda ölçümlerinde ideal olan bu araç, dalgayı geri yansıtan bir ayna ile birlikte dış ortamlarda bile kullanılabilir.

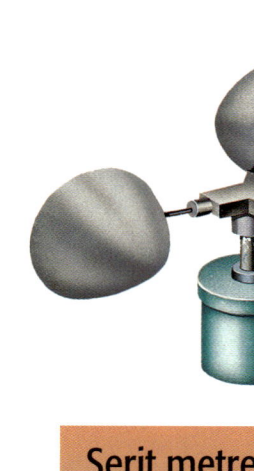

Barometre nasıl çalışır?

Barometre, hava basıncındaki değişimleri ölçer ve bu şekilde hava durumu tahminine yardımcı olur. Barometrelerin çoğu, tüm havası boşaltılmış bir kapsül (vakum haznesi) içerir. Haznenin çevresindeki havanın basıncı değiştiğinde, hazne genişler ya da büzülür. Bu genişleme ya da büzülme, kadran üzerinde hava basıncını gösteren ibreye bağlı bir metal çubuğu hareket ettirir.

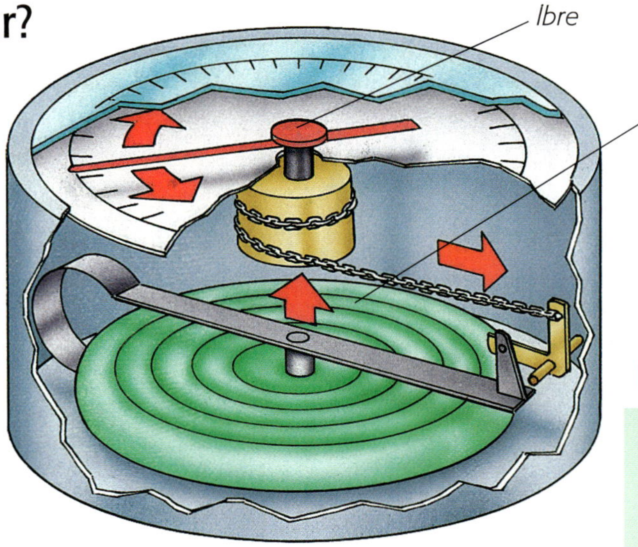

İbre
Vakum haznesi

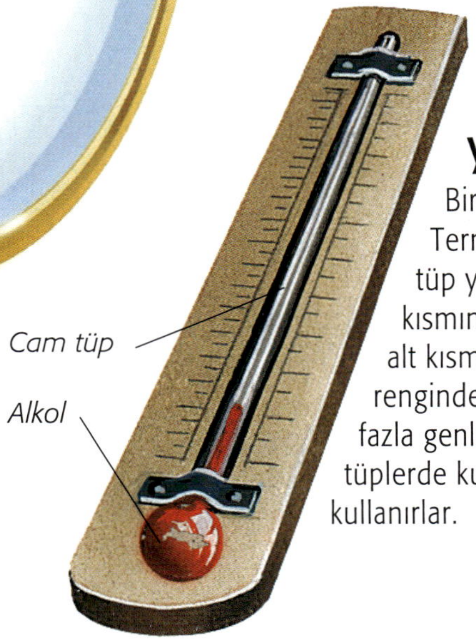

Termometre içindeki sıvı neden yukarı ve aşağı hareket eder?

Birçok malzeme ısınınca genleşir, tekrar soğuduğunda da büzülür. Termometrenin içinde, sıvı içeren bir hazneye bağlı, çok ince bir cam tüp yer alır. Termometre ısındığında, sıvı genleşerek tüpün üst kısmına doğru yükselir. Sıcaklık düştüğü zaman, sıvı büzülerek tüpün alt kısmına doğru iner. Bazı termometreler çok hızlı genleşen, gümüş renginde, cıva adlı bir sıvı kullanırlar. Bazı termometreler de cıvadan daha fazla genleşen ve bu özelliği sayesinde üretilmesi daha kolay olan geniş tüplerde kullanılmaya uygun renkli alkol kullanırlar.

Cam tüp
Alkol

Kuvars saatin içindeki kuvars nerede yer alır?

Modern saatlerin birçoğu, küçük bir kuvars minerali kristali içerir. Kuvars, üzerine elektrik akımı uygulandığında sabit bir hızda hızlıca titreşir. Bir mikroçip bu titreşimi saatlere ve dakikalara çevirir ve LCD bir ekran üzerinde de dijital olarak gösterir.

Pil
Kuvars kristali
Mikroçip
LCD ekran

Hızlı Test

1. Saatteki kuvars kristali ne şekilde titreşir?
a) Yavaş ve sabit bir hızda
b) Hızlı ve sabit bir hızda
c) Hızlı ve değişken bir hızda

2. Termometrede en yaygın kullanılan iki sıvı hangisidir?
a) Cıva ve alkol
b) Su ve yağ
c) Sülfürik asit ve su

3. Rüzgâr hızını hangi alet ölçer?
a) Barometre
b) Termometre
c) Anemometre

4. Baskülün üzerinde ayakta durduğunuzda, aşağıya doğru basılan şey nedir?
a) Pinyon
b) Ağırlık
c) Kuvvetli bir yay

Daha İyisi için Otomasyon

Barkod okuyucu

Bir zamanlar insanlar tarafından yapılan çoğu iş, günümüzde robotlar tarafından otomatik olarak yapılmaktadır. Bilim kurgu filmlerindeki robotlardan farklı olarak, bu robotlar insanlara benzemez ve kendi başlarına düşünemez. Fakat akıl almaz derece güçlüler ve insanların yorucu ya da sıkıcı buldukları tekrar isteyen işleri yapmak için idealler.

Mağazalar neden barkod kullanır?

Barkodlar, bilgisayarların okuyabileceği etiketlerdir. Satıcı, bir ürünün barkodunu okuttuğunda, tarayıcının gönderdiği lazer ışınlar çizgi desenini "okur" ve bunu dijital bir koda dönüştürür. Kasa bilgisayarı daha sonra ürünün fiyatını ve bu dijital kodda yer alabilecek ürünle ilgili herhangi başka bir bilgiyi ekran üzerinde gösterir. Bununla aynı zamanda mağazanın stok bilgisayarı da güncellenir, böylece yeni siparişlerde otomatik olarak her üründen doğru sayıda talepte bulunulabilir.

Bir robot, yapacağı hareketleri nasıl öğrenir?

Bazı robotlara, bir işi nasıl yapacakları bir insan eğitmen tarafından öğretilir. Eğitmen, işlemin her bir aşamasını öğretmek için robotu eliyle hareket ettirir. Robotun eklemlerinde yer alan sensörler, hareketleri izler ve bilgiyi kendi bilgisayarlarının hafızasına gönderir. Robot, bu aşamadan sonra, bu hareketleri hatırlayabilecek ve işlemi mükemmel bir şekilde tekrar tekrar yerine getirebilecektir.

Robotlar nasıl araç yapar?

Otomotiv sektöründe kullanılan çoğu robot, insan eli gibi birçok noktada eklemlenmiş bir mekanik koldan oluşur. Kaynak makinesi ya da boya tabancası gibi birçok araç kolun ucuna yerleştirilebilir. Güçlü bir bilgisayarın kumandası altındaki robot kol görevini yerine getirmek için çoğu zaman karmaşık olan bir dizi hareketi yapar. Daha sonra yeniden başlayarak, sıradaki araç üzerinde de aynı işlemi aynı hassasiyetle yerine getirir.

Simülatör nedir?

Simülatör, uçak uçurmak gibi (aşağıda) özel bir deneyimi canlandıran bir makinedir. Simülatörler, eğitim için ya da sadece eğlenmek için kullanılabilir. Havayolu şirketlerinin pilotlarını eğitmek için kullandıkları simülatörler, en gelişmiş simülatörler arasında yer alır. Simülatörler, pilotların yeni uçaklara alışmalarına ve tehlikeli manevraları güvenli bir şekilde tekrar etmelerine yardımcı olur. Kokpitte, gerçek kontrol üniteleri bulunur fakat pencerelerdeki ekranlarda görüntü sürekli değiştirilerek yerine göre, gökyüzü ya da hızla yaklaşan uçak pisti gösterilir. Hatta robot kollar, gerçek bir hava taşıtı deneyimi yaşatmak için kokpiti sarsar.

Manyetik şeritli banka kartı

Para transferi bilgisayara kaydedilir.

Kasa

Bankomattan nasıl para çekilir?

Bankomat, banka kapalı olduğunda dahi hesabınızdan para çekmenizi sağlar. Hesabınıza erişmek için kartınızı kart okuyucu yuvaya yerleştirir ve güvenlik şifrenizi girersiniz. Bir bilgisayar, şifreyi kartın manyetik şeridi üzerindeki bilgiyle karşılaştırır ve kimliğinizi doğrular. Bilgisayar, hesabınızda yeterli miktarda bakiye olduğundan emin olmak için ayrıca banka hesabınızı kontrol eder. Bu aşamadan sonra çekmek istediğiniz para miktarını girebilirsiniz. Nakit para, bankomatın içindeki bir kasadan alınır ve makinenin önündeki küçük bir bölmeden dışarı verilir. Bu sırada bilgisayar para transferini kayıt altına alır ve talep edildiğinde bu işlemin dökümünü verir.

Makineler dünyayı ele geçirecek mi?

Makinelerin dünyayı ele geçirmesine daha çok var. Robotlar piyano çalmak gibi yetenekleri öğrenebilse de bu makinelerin hiçbiri insanın düşündüğü gibi düşünemez. Makineler halen, kendilerini programlayacak, kumanda edilmelerini sağlayacak ve her şeyden önemlisi kendilerine enerji sağlayacak bir insana ihtiyaç duymaktalar. Ancak bilim insanları, bir kısmı "yapay zekâya" sahip olan daha güçlü robotlar geliştirmek için çalışıyor. O halde, kim bilir, belki bir gün...

Hızlı Test

1. Otomotiv sektöründe kullanılan bir robot koluna, nasıl hareket edeceğini öğreten nedir?
a) Bir elektrik motoru
b) Güçlü bir bilgisayar
c) Bir algılayıcı

2. Bir barkodu okumak için ne gerekir?
a) Hesap makinesi
b) Lazer tarayıcı
c) Büyüteç

3. Hesap hakkındaki bilgiler banka kartının neresinde depolanır?
a) Hologram
b) Manyetik şerit
c) Barkod

4. Simülatörler eğlence dışında en çok hangi alanda kullanılır?
a) Eğitim
b) Çiftçilik
c) Bankacılık

Dizin

algılayıcı 10, 38
ampul 16
anemometre 36
araç 5, 6–7, 10, 12–13, 14, 15

barometre 37
bilgisayar 20, 23, 26–27, 28, 29, 30, 31, 32, 33, 38, 39
bilgisayarlı tomografi (BT)
bimetalik çubuk 18, 19
bulaşık makinesi 18
buzdolabı 19
büyüteç 34, 35

cep telefonu 28

dalga gücü 10
devre kartı 24, 29
dijital kayıt 31
dijital kod 31, 33, 38
diş macunu 17
dişli çark 4, 7, 22, 36

ekmek kızartma makinesi 19
elektrik 8–11, 14, 16, 18, 19, 22, 24, 26, 29, 30, 37
elektrikli buji 6
elektrikli süpürge 16
elektromanyetik dalga 28
elektromıknatıs 8, 19, 29
elektron 9, 10, 30, 34

faks makinesi 25
film yapımı 30, 31

fotoğraf makinesi 32–33
fotoğrafçılık 32–33
fotokopi makinesi 24
fren 6

güneş enerjisi 10

hesap makinesi 24
hidroelektrik güç 10, 11, 14
hidrolik 13, 14, 22
hologram 35

ışık 10, 16, 17, 24, 25, 26, 28, 30, 32, 33, 34–35

İnternet 26, 27, 28, 30, 31, 33

kam 4, 5
kan basıncı 20
katalizör 9
kaynak 23
kertik 4, 7, 36
kızılötesi 17, 26, 32, 36
krank 4, 36
kriko 22

lazer 35, 38
LCD (sıvı-kristalli ekran) 24, 37
lehimleme 23

makara 4
manyetizma 8, 31
masa-duvar saati 36
matkap 14, 15, 20, 22

mekanik kurşun kalem 25
mercek 32, 33, 34–35
mikroçip 29
mikrodalga 19, 28
mikrodalga fırın 19
mikroişlemci 27
mikroskop 34
molekül 19
motor 5, 6–7, 12, 15
MP3 çalar 30
musluk 15
müzik kaydetme 30, 31

nükleer güç 9

paratoner 9
pil 8, 9, 37
piston 6, 7, 14, 22
pnömatik 14, 15

radyo dalgası 19, 28, 29
renkli baskı 27
robot 38, 39
röntgen ışını 20, 28
rüzgâr türbini 10

saat 36, 37
sanal gerçeklik 27
santrifüjlü pompa 15
sera etkisi 17
ses 21, 25, 28, 29, 30–31, 36
ses kaydı 30, 31
sfigmomanometre 20
silikon çip 24, 27

simülatör 38
sonsuz vida 5
sprey tüpü 14
statik elektrik 9, 24
stetoskop 21
su çarkı 14
su pompası 18
subap 6, 14

tarayıcı 20
telefon 28
televizyon 30, 31, 36
termometre 37
termos 17
torna 23
tuvalet 16
tükenmez kalem 24
türbin-jeneratör 9, 10, 11

ultrason 21
uydu 29

vakum 16, 17, 37
vida 5, 15, 22

yay 5, 25, 36
yenilenebilir enerji kaynağı 10–11, 14

zincirli testere 23

Hızlı Test Cevapları

Sayfa 5 Makaralar, Dişliler ve Yaylar
1. b 2. b 3. a 4. b

Sayfa 7 Tıkır Tıkır Çalışma
1. a 2. b 3. a 4. b

Sayfa 9 Elektrik
1. b 2. c 3. c 4. b

Sayfa 11 Geleceğin Enerjisi
1. a 2. b 3. b 4. c

Sayfa 13 Dev Makineler
1. a 2. b 3. c 4. c

Sayfa 15 Baskı Altında
1. b 2. c 3. a 4. b

Sayfa 17 Çevremizi Saran İcatlar
1. b 2. b 3. a 4. c

Sayfa 19 Mutfaktaki Teknoloji
1. c 2. a 3. c 4. a

Sayfa 21 Bakım ve Tedavi
1. b 2. a 3. c 4. b

Sayfa 23 Atölye
1. c 2. c 3. b 4. b

Sayfa 25 Çalışma Masasındaki Araçlar
1. a 2. b 3. c 4. b

Sayfa 27 Bilgisayar Gücü
1. b 2. a 3. b 4. a

Sayfa 29 Dalga Yayma
1. b 2. a 3. c 4. a

Sayfa 31 Ses ve Görüntü
1. b 2. a 3. c 4. b

Sayfa 33 Kadrajın İçinde
1. b 2. b 3. c 4. c

Sayfa 35 Işık, Mercekler ve Lazerler
1. b 2. a 3. c 4. a

Sayfa 37 Ölçüm Yapan Makineler
1. b 2. a 3. c 4. c

Sayfa 39 Daha İyisi için Otomasyon
1. b 2. b 3. b 4. a